ENZYKLOPÄDIE
DEUTSCHER
GESCHICHTE
BAND 36

ENZYKLOPÄDIE
DEUTSCHER
GESCHICHTE
BAND 36

DIE ARBEITERSCHAFT IM 19. UND 20. JAHRHUNDERT

VON

GERHARD SCHILDT

R. OLDENBOURG VERLAG
MÜNCHEN 1996

Die Deutsche Bibliothek – CIP-Einheitsaufnahme

Enzyklopädie deutscher Geschichte / hrsg. von Lothar Gall in Verbindung mit Peter Blickle ... – München : Oldenbourg.

ISBN 3-486-53691-5
NE: Gall, Lothar [Hrsg.]

Bd. 36. Schildt, Gerhard: Die Arbeiterschaft im 19. und 20. Jahrhundert. – 1996

Schildt, Gerhard:
Die Arbeiterschaft im 19. und 20. Jahrhundert / von Gerhard Schildt. – München : Oldenbourg, 1996
(Enzyklopädie deutscher Geschichte ; Bd. 36)
ISBN 3-486-55010-1 kart.
ISBN 3-486-55012-8 Gewebe

Umschlaggestaltung: Dieter Vollendorf, München

Gesamtherstellung: R. Oldenbourg Graphische Betriebe GmbH, München

ISBN 3-486-55012-8 geb.
ISBN 3-486-55010-1 brosch.

Vorwort

Die „Enzyklopädie deutscher Geschichte“ soll für die Benutzer – Fachhistoriker, Studenten, Geschichtslehrer, Vertreter benachbarter Disziplinen und interessierte Laien – ein Arbeitsinstrument sein, mit dessen Hilfe sie sich rasch und zuverlässig über den gegenwärtigen Stand unserer Kenntnisse und der Forschung in den verschiedenen Bereichen der deutschen Geschichte informieren können.

Geschichte wird dabei in einem umfassenden Sinne verstanden: Der Geschichte in der Gesellschaft, der Wirtschaft, des Staates in seinen inneren und äußeren Verhältnissen wird ebenso ein großes Gewicht beigemessen wie der Geschichte der Religion und der Kirche, der Kultur, der Lebenswelten und der Mentalitäten.

Dieses umfassende Verständnis von Geschichte muß immer wieder Prozesse und Tendenzen einbeziehen, die säkularer Natur sind, nationale und einzelstaatliche Grenzen übergreifen. Ihm entspricht eine eher pragmatische Bestimmung des Begriffs „deutsche Geschichte“. Sie orientiert sich sehr bewußt an der jeweiligen zeitgenössischen Auffassung und Definition des Begriffs und sucht ihn von daher zugleich von programmatischen Rückprojektionen zu entlasten, die seine Verwendung in den letzten anderthalb Jahrhunderten immer wieder begleiteten. Was damit an Unschärfen und Problemen, vor allem hinsichtlich des diachronen Vergleichs, verbunden ist, steht in keinem Verhältnis zu den Schwierigkeiten, die sich bei dem Versuch einer zeitübergreifenden Festlegung ergäben, die stets nur mehr oder weniger willkürlicher Art sein könnte. Das heißt freilich nicht, daß der Begriff „deutsche Geschichte“ unreflektiert gebraucht werden kann. Eine der Aufgaben der einzelnen Bände ist es vielmehr, den Bereich der Darstellung auch geographisch jeweils genau zu bestimmen.

Das Gesamtwerk wird am Ende rund hundert Bände umfassen. Sie folgen alle einem gleichen Gliederungsschema und sind mit Blick auf die Konzeption der Reihe und die Bedürfnisse des Benutzers in ihrem Umfang jeweils streng begrenzt. Das zwingt vor allem im darstellenden Teil, der den heutigen Stand unserer Kenntnisse auf knappstem Raum zusammenfaßt – ihm schließen sich die Darlegung und Erörterung der Forschungssituation und eine entsprechend gegliederte Auswahlbibliographie an –, zu starker Konzentration und zur Beschränkung auf die zentralen Vorgänge und Entwicklungen. Besonderes Gewicht ist daneben, unter Betonung des systematischen Zusammenhangs, auf die Abstimmung der einzelnen Bände untereinander, in sachlicher Hinsicht, aber auch im Hinblick auf die übergreifenden Fragestellungen, gelegt worden. Aus dem Gesamtwerk lassen sich so auch immer einzelne, den jeweiligen Benutzer besonders interessierende Serien zusamenstellen. Ungeachtet dessen aber bildet jeder Band eine in sich abgeschlossene Einheit – unter der persönlichen Verantwortung des Autors und in völliger Eigenständigkeit gegenüber den benachbarten und verwandten Bänden, auch was den Zeitpunkt des Erscheinens angeht.

Lothar Gall

Inhalt

Vorwort des Verfassers

Die von Gerhard A. Ritter herausgegebene „Geschichte der Arbeiter und der Arbeiterbewegung in Deutschland“ dürfte nach ihrer Fertigstellung mehr als 10000 Seiten umfassen. Das vorliegende Buch ist auf einen Textteil von 120 Seiten beschränkt. Es kann deshalb nicht mehr tun, als einige Fakten und Probleme darbieten. Es konzentriert sich dabei auf eine besonders wichtige und folgenreiche Seite der Arbeitergeschichte, nämlich auf die politische Wirkung der Arbeiterschaft. Um politisch zu wirken, hat die Arbeiterschaft eine Klasse gebildet. Anders gesagt, dieses Buch beschäftigt sich vorwiegend mit der Arbeiterklasse, mit Klassenkampf, Klassenbildung und -auflösung.

Andere Aspekte der Arbeitergeschichte mußten darüber vernachlässigt werden. Weggefallen ist z. B. der ganze Bereich der Arbeiterkultur und des Arbeiteralltags. Diese Entscheidung bot sich an, weil die Enzyklopädie deutscher Geschichte gerade den Band „Lebenswelt und Kultur der unterbürgerlichen Schichten im 19. und 20. Jahrhundert“ von Wolfgang Kaschuba herausgebracht hatte, als der Verfasser mit dem vorliegenden Band beauftragt wurde. Wegfallen mußte auch die Situation am Arbeitsplatz. Einige Ausführungen, die dazu schon geschrieben waren, fielen dem Platzmangel zum Opfer. Die Entwicklung des Lebensstandards hat der Verfasser nur soweit berücksichtigt, wie sie zur Erklärung des politischen Verhaltens der Arbeiterschaft beiträgt. Auch in dem Abschnitt über die Grundprobleme und Tendenzen der Forschungen konnten nicht alle Bereiche angesprochen werden, die dem Verfasser problematisch erschienen, z. B. nicht das breite Thema des Verhältnisses zwischen Bürgertum und Arbeiterschaft. Im darstellenden Teil sind dazu von Fall zu Fall einige Sätze formuliert worden.

Die „Grundprobleme und Tendenzen der Forschung“ kann man unterschiedlich behandeln, wie die vorliegenden Bände der Enzyklopädie deutscher Geschichte zeigen. Entweder verfolgen sie in Form eines Literaturberichts die Tendenzen der Forschung, oder sie stellen die Desiderata und Probleme dar. Der Verfasser neigt mehr zum zweiten Verfahren, weil Literaturberichte in den einschlägigen Zeitschriften wie z. B. dem Archiv für Sozialgeschichte (AfS) und der Internationalen Wissenschaftlichen Korrespondenz zur Geschichte der deutschen Arbeiterbewegung (IWK) ausführlich geboten werden. Bei den offenen Problemen hat der Verfasser nicht nur verschiedene Lösungsmöglichkeiten skizziert, sondern auch seine eigene Auffassung dargestellt, dies durchaus in dem Bewußtsein, damit in besonders hohem Maße Hypothetisches zu äußern, und in der Absicht, weitere Untersuchungen anzuregen.

Der Gegenstand ist sehr ungleichmäßig erforscht. Über die Arbeiterschaft des Kaiserreichs gibt es Berge von Literatur, über die der Bundesrepublik und der DDR dagegen von seiten der Historiker wenig oder nichts. Die umfangreiche soziologische Literatur, die wenigstens für die alte Bundesrepublik vorliegt, ist nur z. T. imstande, die Lücke zu schließen. Methoden und Fragestellungen sind in der Soziologie anders als in der Geschichtswissenschaft. Auch dem vorliegenden Buch merkt man diese Unterschiede an. Trotzdem sollte die Geschichte der deutschen Arbeiterschaft bis zur Gegenwart verfolgt werden, um an die Schwelle zu gelangen, an der man sich fragen kann, ob die deutsche Arbeiterschaft noch einmal als Klasse agieren wird. Dies ist nicht nur für den Wissenschaftler, sondern auch für den Staatsbürger eine der interessantesten Fragen, die er an die Zukunft richten kann.

Der Verfasser dankt dem Herausgeber Klaus Tenfelde aufrichtig für seine förderlichen Hinweise. Verfasser und Herausgeber stimmen aber nicht in allen Bereichen überein. Daß alle Fehler und Unzulänglichkeiten in die Verantwortung des Verfassers fallen, ist selbstverständlich.

I. Enzyklopädischer Überblick

1. Die Arbeiter vor der Industrialisierung

1.1 Die Massenverelendung

Die deutsche Bevölkerung ist zwischen 1600 und 1816 von 15 auf 23,5 Mill. Menschen angewachsen. Die Landwirtschaft hatte die Bevölkerung schon um 1600 kaum noch ernähren können und war dazu um 1816 noch weniger in der Lage. Eine ausreichende Ernährung der Gesamtbevölkerung war auch bei normalen Ernteergebnissen nicht mehr gegeben. Trotzdem wurde eine hohe Geburtenrate beibehalten.

Wachstum der Bevölkerung

Die Folge dieser Entwicklung war eine Dauerkrise. Hatten die relativ kurzen Katastrophen des Mittelalters und der Frühen Neuzeit der Bevölkerung immer wieder für einige Dezennien Luft verschafft, so wurde die Krise jetzt chronisch. Das Massenelend, der Pauperismus, wurde eine ständige Erscheinung.

Pauperismus

An diesem Zustand, den man in nahezu ganz Europa konstatieren konnte, hätte eine andere Verteilung der Güter nichts ändern können, sondern das Elend wäre nur von einer Bevölkerungsgruppe auf eine andere verlagert worden. Scheinbare Ursachen des Elends wie Ausbeutung, Arbeitslosigkeit, leichtsinniger Lebenswandel oder die Konkurrenz der beginnenden Industrie zeigten nur den Grund, warum dieser oder jener Teil der Bevölkerung besonders litt, aber nicht die Ursache der gesamten Erscheinung.

Der Pauperismus war begleitet von einem dauernden Dahinsterben des hilflosesten Teils der Bevölkerung. Das waren im allgemeinen die Kinder der Unterschichten. Die hohe Kindersterblichkeit jener Jahrzehnte war vor allem eine Folge des chronischen Hungers. Größere Familien unterschritten immer wieder das Existenzminimum im harten, ursprünglichen Sinn des Wortes, und dann wurde gestorben. Die Kinderzahl reduzierte sich, bis Ausgaben und Einnahmen wieder im Gleichgewicht standen. Bettina von Arnim hat 1843 eine anschauliche Schilderung solcher Situationen geliefert.

Kindersterblichkeit

Neben der Unterernährung waren miserable Wohnverhältnisse ein Kennzeichen des Pauperismus. Je elender einer war, desto größere

Teile seines Einkommens mußte er auf die Ernährung verwenden, wie der Statistiker Engel schon 1857 festgestellt hat, und um so weniger konnte er für die Wohnung ausgeben. Vor allem in den ersten Jahrzehnten des 19. Jahrhunderts war auch Arbeitslosigkeit ein Signum der Epoche. Die Gesellschaft sah sich nicht in der Lage, allen ihren Mitgliedern lohnende Beschäftigung oder, anders gesprochen, die Möglichkeit, sich zu ernähren, zur Verfügung zu stellen. Eine unvermeidliche Begleiterscheinung dieser Zustände waren die überlangen Arbeitszeiten. Selbstverständlich war auch, daß Frauen und Kinder gegen Entgelt arbeiteten, wenn sich dafür eine Möglichkeit bot.

Arbeitslosigkeit, Frauen- und Kinderarbeit

Die Sterblichkeit war hoch. Ganze Bevölkerungsteile wurden dezimiert. Im ganzen wuchs die Bevölkerung jedoch wegen der hohen Geburtenrate unablässig weiter.

Die Industrie hat das Elend nicht verursacht. Das Elend war in den nicht industriell entwickelten Gebieten Europas im allgemeinen größer als in den entwickelten. Langfristig schuf die Industrie sogar die Voraussetzung, das Massenelend zu überwinden.

Dies wurde jedoch nur selten erkannt. In der ersten Hälfte des 19. Jahrhunderts fielen vor allem die beiden großen Erscheinungen der industriellen Produktion und des Massenelends auf, und es lag natürlich nahe, zwischen ihnen ein Kausalitäts-Verhältnis zu vermuten. Richtig bleibt, mit vielerlei regionalen Einschränkungen, die Gleichzeitigkeit dieser Erscheinungen. Deutschland und Europa befanden sich durchaus noch in der Epoche des Pauperismus, als die Industriearbeiterschaft entstand. An ihrer Wiege stand das Elend der Massen.

1.2 Quellschichten der Arbeiterschaft

Wenn man während und nach der Revolution von 1848 von der Arbeiterklasse sprach, faßte man mit diesem Begriff vor allem zwei große Gruppen zusammen, nämlich die Handwerksgesellen und die unterbäuerliche und unterhandwerkliche Bevölkerung. Diese nannte man auch Tagelöhner, Handarbeiter oder „gewöhnliche" Handarbeiter.

Den größten Teil der unterbäuerlichen Bevölkerung auf dem Lande stellten die Landarmen und Landlosen. Landarme waren die typische Erscheinung in den Realteilungsgebieten des westlichen Deutschland. Hier, wo das bäuerliche Eigentum im Erbgang unter alle Kinder aufgeteilt wurde, entstand extrem kleiner Landbesitz, der auch bei intensivster Bodennutzung wie Wein- und Obstbau oft nicht zur Ernährung der Landfamilie ausreichte. Zusätzliche Gewerbetätigkeit mußte die Lebensführung sichern.

Landarme und Landlose

In den Anerbengebieten war ein großer Teil der Bevölkerung gänzlich ohne Landbesitz. Diese landlose Bevölkerung verdingte sich im allgemeinen bei den Landbesitzern als Tagelöhner oder als Gesinde. Tagelöhner waren auch in einem mittelbäuerlichen Gebiet wie Niedersachsen durchaus zahlreicher als die bäuerliche Bevölkerung, und sie waren noch wesentlich zahlreicher in gutsherrschaftlich geprägten Regionen wie Mecklenburg und Pommern. Das ländliche Gesinde, also unverheiratete, mit der Familie des Brotherrn zusammenlebende Knechte und Mägde, waren etwa ebenso zahlreich wie die Bauern. In einigen Teilen Deutschlands, vor allem in Bayern, war das Gesinde so häufig, daß die Tagelöhner dahinter zurücktraten.

Wo die Landwirtschaft in Anerbengebieten die Beschäftigung von Tagelöhnern nicht zuließ, weil der Boden nicht ertragreich genug war, wo aber doch durch den Erbgang eine zahlreiche landlose Bevölkerung entstanden war, versuchte sich diese durch Heimarbeit zu ernähren, und zwar typischerweise durch Spinnen und Weben. Dies war vor allem in den deutschen Mittelgebirgen der Fall. Die Not der hausindustriellen Spinner und Weber stellt die extremste und bekannteste Erscheinungsform des Pauperismus dar.

Spinner und Weber

Neben der textilen gab es andere, weniger bedeutsame Formen der Heimarbeit, z. B. das Schleifen von Messern in gesonderten Schleifmühlen an den Bachläufen des Bergischen Landes. Für den Grad der Selbständigkeit der Heimarbeiter blieb in jedem Fall die Möglichkeit ausschlaggebend, zwischen verschiedenen Verlegern wählen zu können. Je mehr sie, etwa auf Grund von Schulden, gezwungen waren, bei einem bestimmten Verleger das Rohmaterial zu kaufen und an diesen das Fertigprodukt zu verkaufen, um so mehr verloren sie ihre Selbständigkeit, und um so größer war im allgemeinen ihre Notlage.

Heimarbeiter

Als städtische Tagelöhner sind alle diejenigen anzusehen, die körperliche Hilfsarbeiten unterhalb des zunftmäßigen Handwerks verrichteten. Dazu gehörten etwa Auflader, Sackträger, Handlanger auf dem Bau, Straßen- und Wegearbeiter, auch Kutscher des Warentransports sowie spezialisierte, angelernte Arbeiter, die keine eigentliche Lehre durchlaufen hatten, z. B. die Maler und Lackierer, die Zigarrenmacher und die Lehmentierer, die die Gefache des Fachwerkbaus mit Lehm ausfüllten. Häufig waren unter den Tagelöhnern gelernte Handwerker, die nicht in der Lage waren, sich in ihrem erlernten Beruf zu behaupten. Berufsangaben wie z. B. „Schlosser und Handarbeiter" bekunden einen solchen Abstieg.

Städtische Tagelöhner

Selbstverständlich gab es auch schon vor der Mitte des 19. Jahrhunderts Fabriken. Das Bild, das die amtlichen Zählungen vermitteln, ist jedoch trügerisch, denn auch sehr kleine Unternehmen wurden als „Fabriken" gezählt, wenn nur eine „Maschine", wie z. B. ein Mahlwerk oder ein Webstuhl, aufgestellt war. Je nach Branche fand man in diesen „Fabriken" mehr Tagelöhner oder mehr Handwerker. Daneben gab es Manufakturen, z. B. im Bekleidungs- und Tabakgewerbe, in denen Dutzende von Menschen rein manuelle, nicht von Maschinen unterstützte Arbeit verrichteten.

Eisenbahn-Bauarbeiter

Eine besondere Gruppe der „gewöhnlichen" Handarbeiter bildeten schließlich die Eisenbahn-Bauarbeiter des Vormärz. Ihre Tätigkeit war durchaus vorindustrieller Art, wenn sie mit traditionellen Hilfsmitteln die Gleiskörper der Eisenbahnen herstellten, aber ihr massenhaftes Auftreten (mehrere tausend an einer Baustelle) verwies auf das kommende Industriezeitalter.

Handwerksgesellen

Die Handwerksgesellen hatten eine vorgeschriebene, von Zunft- oder Gewerbegesetzen geregelte Ausbildung durchlaufen, die, je nach Qualität und Intensität, verschieden lang sein konnte. Daran schloß sich in den meisten Ländern eine vorgeschriebene Wanderzeit von mindestens drei Jahren an. Die Wanderungen verdeckten nur allzuoft eine latente Arbeitslosigkeit. Trotz der Unterstützungskassen, die das Handwerk für die wandernden Gesellen unterhielt, waren diese oft gezwungen zu betteln.

Der Wanderung folgte eine Wartezeit, die sogenannten Mutjahre, ehe man eine Meisterprüfung ablegen und sich als selbständiger Handwerksmeister niederlassen konnte. Es bestand jedoch bei weitem nicht für alle Gesellen die wirtschaftliche Möglichkeit, Meister zu werden, wie die Forschung wiederholt nachgewiesen hat. Es wurden sogar mehr Gesellen ausgebildet, als Fachkräfte benötigt wurden, so daß sich nicht alle Gesellen in ihrer qualifizierten Tätigkeit behaupten konnten. Aber selbst, wenn sie sich als selbständiger Meister niederlassen konnten, war ihre wirtschaftliche Lage oft elend. Viele gaben ihre Selbständigkeit wieder auf. Das Handwerk war durchweg überbesetzt.

Überbesetzung des Handwerks

So gab es denn vor der Industrialisierung eine zahlreiche Gesellenschaft, die, relativ mobil, nur noch zum Teil von der Hoffnung auf Selbständigkeit geprägt war, zum Teil sich der deutlichen Gefahr des Abstiegs zur Tagelöhnerarbeit bewußt war und die sich im großen und ganzen darauf einstellen mußte, lebenslang als unselbständige Arbeitskraft tätig zu sein.

Von der zahlenmäßigen Stärke der verschiedenen vorindustriellen Schichten unterhalb der selbständigen Bauern und Handwerker und ihrem Anteil an der Gesamtbevölkerung gibt die folgende Tabelle trotz

Abb. 1: Unterschichten in Preußen vor der Industrialisierung (1846) (Männer über 24)

Zahlenverhältnis der Unterschichten

	absolut	in % der Gesamtbevölkerung
Ländl. Tagelöhner und Kleinststellenbesitzer	1 073 286	29,3
Gesinde (vorwiegend ländlich)	578 133	15,8
Weber insgesamt	108 327	3,0
Proletaroide in Handel/Gastwirtschaft	97 359	2,7
Dienstleistungsarbeiter (wie Transport)	59 663	1,6
Fabrikarbeiter	223 684	6,1
Berg- und Hüttenleute	75 604	2,1
Gesellen im Handwerk	207 699	5,7
zusammen	2 423 755	66,2

aller quellenbedingten Ungenauigkeiten einen Eindruck [berechnet nach 108: Urwähler].

Dieses ganze Gefüge war auch schon vor der Industrialisierung in Bewegung. Ständig gab es eine starke Land-Stadt-Wanderung, und ständig gab es sozialen Auf- und Abstieg, vor allem im Handwerk.

1.3 Traditionen und Methoden des Protests

Soziale Distanz zwischen Bauern und Tagelöhnern

Die soziale Distanz der ländlichen Tagelöhner zu Gutsherren und Bauern war außerordentlich groß. Die Bauern waren die einzigen Arbeitgeber im Dorf. Weil unter den Bedingungen des Pauperismus Arbeit knapp war, konnten die Besitzenden alle Ansprüche ohne Mühe durchsetzen. Neben der wirtschaftlichen Macht hielten die Bauern und die Gutsherren auch die politische in ihren Händen. Sie bestimmten die Höhe und die Modalitäten der Armenunterstützung und befanden in den meisten Ländern z. B. über die Erlaubnis zum Heiraten. Schließlich hatten sie in allen gesellschaftlichen Belangen den Vorrang. Jede kirchliche Handlung wurde für die Bauern mit größerem Gepränge begangen. Noch auf dem Friedhof lagen sie an den bevorzugten Stellen, und ihre Kinder saßen in der Schule vor denen der Tagelöhner.

Erst seit den 60er Jahren des 19. Jahrhunderts lockerte sich die Abhängigkeit der Tagelöhner. Zwar wuchs ihre Zahl trotz einer steigenden Abwanderung in die Städte, aber die Intensivierung der Landwirtschaft, vor allem durch die liberalen Agrarreformen ermöglicht, steigerte den Bedarf an Arbeitskräften derartig, daß die einheimischen

Landarbeiter ihn nicht mehr befriedigen konnten. In den gutsherrlichen und großbäuerlichen Gebieten Deutschlands mußte man dazu übergehen, Arbeitskräfte aus dem Osten anzuwerben. Die deutschen blieben trotzdem unentbehrlich, teils, weil sie ganzjährig zur Verfügung standen, teils als Aufsichtspersonal. Ihre Lage blieb, trotz eindeutiger Besserung, auch in der zweiten Hälfte des Jahrhunderts schlecht, wohl schlechter als die der Industriearbeiter.

Angriffe auf das Eigentum

Die Tagelöhner kannten nur ein Mittel, um sich der äußersten Bedrückung zu widersetzen, nämlich den Angriff auf das Eigentum. Diebstahl, und zwar Felddiebstahl, war etwas Alltägliches. In jedem Dorf hatten die Bauern vereidigte Feldhüter bestellt, die dem „Feldfrevel" wehren sollten, ohne daß das durchgreifend half, denn die Unterschichten sahen im Felddiebstahl nichts Ehrenrühriges. Ebenso hielten sie es für normal, sich im Wald mit dem nötigen Brennholz zu versorgen. Strafandrohungen schreckten sie nicht und waren auch bei der allgemeinen Armut schwer zu exekutieren. Es ist im Einzelfall schwer zu sagen, wo solche Übergriffe aus der Not geboren wurden, wo sie aus allgemeiner Mißachtung des Privateigentums entstanden und wo sie von Haß- und Rachegefühlen verursacht wurden. Wenn nächtens Felder vor der Reife abgemäht wurden, wenn Scheunen angezündet oder Höfe demoliert wurden, ist allerdings eindeutig letzteres der Fall gewesen. Im Revolutionsjahr 1848 häuften sich solche Fälle, kamen aber auch in den Jahrzehnten vor- und nachher durchaus vor. Das Hungerjahr 1846/47 ist dagegen eher durch besonders zahlreiche und spektakuläre Plünderungen charakterisiert.

Nicht nur die landwirtschaftlichen Unterschichten, sondern auch die gewerblichen teilten die Auffassung von einer gewissen Sozialpflichtigkeit des Eigentums. Auch sie meinten, einen Anspruch auf Hilfe zu haben. Nur selten wehrten sie sich gegen ungerechtfertigte Ansprüche durch Arbeitsniederlegungen, wie es die Eisenbahn-Bauarbeiter taten, sondern sie griffen eher das Eigentum mißliebiger Personen an.

Weberaufstand von 1844

Der spektakulärste Fall dieser Art ist der sogenannte Weberaufstand von 1844, der darin gipfelte, daß die Wohnhäuser von zwei Verlegern zerstört wurden. Ein Angriff auf die staatliche Ordnung, eine Kritik an den politischen Zuständen, war damit nicht beabsichtigt.

Maschinensturm war eine Variante dieser Kampfform. Im großen und ganzen traten solche Exzesse, wie diese Übergriffe in der Behördensprache genannt wurden, in Deutschland selbst während des Revolutionsjahres 1848 nur sporadisch auf, sie zeigten aber die Mentalität der Unterschichten.

Ganz anders geartet waren Tradition und Mentalität der Handwerksgesellen. Sie bildeten wie seit Jahrhunderten auch noch zu Anfang des 19. Jahrhunderts festgefügte Korporationen, die sogenannten Gesellenbruderschaften. In feierlichem Verfahren wurden die Lehrlinge nach ihrer Lossprechung als Mitglieder aufgenommen und mit gesiegelten Mitgliedsausweisen, den Gesellenbriefen, versehen. Eine Vielzahl von Riten, nur den Mitgliedern bekannt, verstärkte das Gefühl der Zusammengehörigkeit. Alle Bruderschaften nahmen die tatsächliche oder vermeintliche Verletzung ihrer Ehre äußerst ernst. Die Verrichtung von unzünftlerischen Arbeiten, also solchen, die außerhalb der vorgeschriebenen Arbeitsverfahren lagen, auch nur die Zusammenarbeit mit nicht der Zunft angehörigen Arbeitskräften galt den klassischen Gesellenbruderschaften schon als eine ernste Verletzung der Ehre und konnte schwere Konflikte heraufbeschwören.

Gesellenbruderschaften

Neben der Bewahrung der Ehre und der Pflege der Geselligkeit übten die Bruderschaften soziale Aufgaben aus. Wandernde Handwerksgesellen erhielten eine Unterstützung, kranke wurden gepflegt, gestorbene zu Grabe getragen. Auch die Arbeitsvermittlung lag in der Hand der Bruderschaften. Ohne einen von der Bruderschaft ausgestellten Gesellenschein war ein wandernder Geselle hilflos.

Gesellenschein

Der Obrigkeit waren, mit Ausnahme der karitativen, alle Tätigkeiten der Bruderschaften suspekt. Besonders ihren Anspruch, nach außen und innen selbst Recht zu setzen und zu exekutieren, glaubte der moderne Staat nicht dulden zu können. Schon 1731 verbot ein Reichstagsabschied die „Mißbräuche" der Gesellenbruderschaften. Zahlreiche Ländergesetze wiederholten in den folgenden Jahrzehnten solche Verbote, und auch ein Gesetz des Deutschen Bundes von 1840 wirkte an dieser Praxis mit. Alle diese Verbote waren im 18. Jahrhundert gar nicht, im 19. nur wenig wirksam.

Obrigkeitliche Verbote

Das bewiesen besonders die sogenannten Gesellenaufstände, die sich vor allem um die Wende zum 19. Jahrhundert zeigten. Aus vielfältigen Anlässen, häufig aus Gründen einer angeblichen Ehrverletzung, selten wegen der Lohnhöhe, legten die Gesellen die Arbeit nieder. Wenn sie zusätzlich den mißliebigen Meistern der Stadt, in der sie Anlaß zu Klagen hatten, in feierlicher Form einen Schimpfbrief ausstellten, war der Boykott dieser Meister unverbrüchlich. Kein Geselle arbeitete mehr bei ihnen, ein von ihnen ausgebildeter Lehrling wurde nur nach außergewöhnlichen Geldbußen als Geselle aufgenommen. Da die Gesellen abwanderten, konnten sie die Arbeitsverweigerung jahre- und jahrzehntelang durchhalten. Die Solidarität wurde durch massive Strafandrohungen, die auch vor physischer Gewalt nicht zurückschreckten,

Gesellenaufstände

aufrechterhalten und durch ein weitgespanntes Kommunikationsnetz kontrolliert. Die nachdrücklichen Interventionen der Regierungen zugunsten der Meister prallten an der Geschlossenheit der Gesellen ab, so daß sich die Meister in der Regel den Gesellen unterwerfen mußten.

Auch Bergleute setzten den Streik als Kampfmittel ein und begleiteten ihn mit Demonstrationen und Petitionen.

Unterschiedliche Kampfmethoden

Das Kampfmittel der Arbeitsverweigerung bei gleichzeitiger Respektierung des Eigentums, unverbrüchliche Solidarität und die Bereitschaft, sich über obrigkeitliche Verfügungen hinwegzusetzen, kennzeichneten die alten Gesellenbruderschaften; Gewaltanwendungen mit Angriffen auf das Eigentum waren typisch für die Proteste der unterhandwerklichen Schichten.

1.4 Wurzeln der modernen Arbeiterbewegung

Auslandsvereine

In den 1830er Jahren gründeten deutsche Gesellen und emigrierte Intellektuelle in der Schweiz und in Paris die ersten Arbeiterorganisationen, die sich durch einen entschieden demokratischen Radikalismus auszeichneten. Häufig verbanden sie damit Forderungen nach Gleichheit, insbesondere nach gleichem Anteil am Eigentum. Solche teils sozialdemokratischen, teils eindeutig sozialistischen Vorstellungen konnten, wie bei dem zeitweise einflußreichen Schneidergesellen Wilhelm Weitling, durchaus religiös begründet sein.

Von den 20 bis 30000 deutschen Handwerksgesellen, die sich um 1840 in der Schweiz und in Paris aufhalten mochten, waren höchstens einige hundert an solchen Organisationen beteiligt. Trotz dieser geringen Zahl waren viele Handwerksgesellen für Ideen demokratischer Freiheit und sozialer Gleichheit empfänglich. Um der Verbreitung dieser Gedanken entgegenzuwirken, verbot der Deutsche Bund 1835 das Wandern in die Schweiz und nach Frankreich. Das Verbot wurde jedoch nur wenig beachtet.

Arbeiterverbrüderung

1848 entstand eine neue, fast ausschließlich von Gesellen getragene Organisation: die Arbeiterverbrüderung. Dem Aufruf des Berliner Setzers Stephan Born folgend, wurden in vielen Städten Ortsvereine der Arbeiterverbrüderung gegründet. Bis zu 20000 Mitglieder mag diese Organisation besessen haben. Sie war damit bei weitem die größte in Deutschland. Die Arbeiterverbrüderung beschwor ganz in der Tradition der Gesellenbruderschaften vor allem die Einigkeit. Sie umfaßte aber, ganz wie die Auslandsorganisationen der 1830er und 40er Jahre, nicht mehr nur die Gesellen eines Handwerks, sondern die aller Branchen, ja, in einzelnen Fällen auch unterhandwerkliche Arbeitskräfte. Das Wort „Arbeiter" im Namen dieser Organisation verweist darauf, daß das Gefühl einer gemeinsamen Lage und gemeinsamer Interessen sich kräftig ausgebreitet hatte und durch die Revolution gefördert wurde.

Die Arbeiterverbrüderung nahm sogleich die Praxis der alten Gesellenbruderschaften auf, wandernde und kranke Gesellen zu unterstützen. Sie wollte die Arbeitsvermittlung organisieren, und sie wollte mit Kranken-, Invaliden- und Sterbekassen ein Netz sozialer Sicherheit schaffen. Sie forderte Kommissionen zur Regelung von Lohnfragen und zur Festlegung der Arbeitsbedingungen und plante die Einrichtung von Produktiv- und Einkaufsassoziationen, also von Unternehmen, die von den Arbeitern selbst geführt wurden. Schließlich sympathisierte die Arbeiterverbrüderung mit der Linken der Paulskirche, hatte also eine eindeutig demokratische Tendenz, und sie stellte sich geschlossen hinter die Reichsverfassung von 1849. Viele Ortsvereine dienten sehr schnell auch der persönlichen Fortbildung ihrer Mitglieder, indem sie Kurse etwa im Zeichnen, Rechnen und in den Fremdsprachen anboten. Daneben wurde die Geselligkeit durch Ausflüge, Liederabende, Theateraufführungen u. ä. gepflegt.

Ziele der Arbeiterverbrüderung

Die Arbeiterverbrüderung verband also Tätigkeiten der alten Gesellenbruderschaften mit den Zielen der späteren Gewerkschaften und Arbeiterparteien. Daneben diente sie dem bürgerlichen Aufstiegsstreben ihrer einzelnen Mitglieder, dies alles getragen von demokratischer Gesinnung unter nachdrücklicher Betonung der erforderlichen Einigkeit und Kampfbereitschaft. Die Arbeiterverbrüderung war janusköpfig. Rückwärts blickend sah sie auf die große Tradition der Gesellenbruderschaften, für die Zukunft strebte sie nach einem festgefügten, solidarisch handelnden Block einer großen Arbeiterassoziation in einem demokratischen, sozialstaatlich bestimmten Gemeinwesen, und daneben förderte sie den Aufstieg ihrer Mitglieder in eine bürgerliche Gesellschaft.

Die Arbeiterverbrüderung fiel im allgemeinen den Verboten der Reaktionszeit zum Opfer. 1854 wurde dieses Verbot auf den ganzen Deutschen Bund ausgedehnt. Wenigen Ortsvereinen gelang es weiterzubestehen, oft dadurch, daß sie sich in reine Fortbildungs- und Geselligkeitsvereine verwandelten.

Die Arbeiterverbrüderung war die größte und wichtigste Arbeiterorganisation in der Mitte des 19. Jahrhunderts. Neben ihr gab es u. a. christliche Arbeitervereine. 1846 gründete der katholische Prister und ehemalige Schuhmachergeselle Adolf Kolping in Elberfeld z. B. einen Gesellenverein, der zum Vorbild für weitere Gesellenvereine wurde, die ein intensives Leben entfalteten.

Christliche Arbeitervereine

Zu erwähnen ist schließlich der Bund der Kommunisten. Er wurde 1847 unter der maßgebenden Leitung von Marx und Engels gegründet, umfaßte nur relativ wenige Mitglieder, war aber sogleich international angelegt. Er war die erste marxistische Arbeiterorganisation. Nach der 1851 erfolgenden Verhaftung zahlreicher Mitglieder und ihrer Verurteilung im Kölner Kommunistenprozeß löst er sich 1852 auf.

Bund der Kommunisten

2. Die Arbeiterschaft in der Zeit der Reichsgründung und im Bismarckreich

2.1 Gemeinsame Erfahrungen

Unterschiedlichkeit der Arbeitsplätze

Die industriellen Arbeitsplätze waren durchaus unterschiedlich. In der Textilindustrie prägte der unerbittliche Takt der Maschine den Arbeitsrhythmus, in der Nahrungsmittelindustrie das stetige Fortschreiten eines physikalisch-chemischen Prozesses, im Maschinenbau das immer noch frei wählbare Arbeitstempo eines im Akkord entlohnten Arbeiters. In einer Branche dominierten ungelernte oder kurz angelernte Arbeitskräfte, in einer anderen lange ausgebildete Fachleute. Einige Branchen waren auf hochqualifizierte Spezialisten angewiesen, unter denen viele ungelernte Arbeiter tätig waren. Manchmal war die Hierarchisierung der Belegschaft fein ausgebildet, in anderen Bereichen fand sich ein Heer von gleichförmig beschäftigten und entlohnten Arbeitern.

Trotz aller Unterschiede prägten zwei gemeinsame Erfahrungen die Arbeiter im industrialisierten Deutschland: die harte Arbeitswelt und das arme Heim.

Arbeitszeit

Die Fabrikarbeit war durch einen langen Arbeitstag bestimmt. Die Arbeitszeit betrug 1871 72 Stunden pro Woche und nach dem Boom der Gründerjahre 68 Stunden. Auf diesem Niveau verharrte sie nahezu zwei Jahrzehnte, ehe sie ab 1889 wieder sank. Um 1900 hatte sie 61 Wochenstunden erreicht, um 1910 57, um 1913 55,5 Wochenstunden.

Probleme der Arbeitsdisziplin

Es ist anzunehmen, daß ununterbrochene, gleichmäßige Arbeit der Natur des Menschen nicht gemäß ist, sondern daß er lieber mit intensiver Anstrengung und lässiger Entspannung abwechselt. Die Industriearbeiter der ersten Generation, an wechselnde Arbeitsintensität gewöhnt, versuchten auf vielerlei Weise, den langen Arbeitstag zu verkürzen oder zu unterbrechen. Wenn die Monotonie unerträglich wurde, bestand allenfalls noch die Möglichkeit zu kündigen.

Dem Interesse der Arbeiter, die geforderte Arbeitsdisziplin zu lockern, stand das Interesse der Unternehmer aufs härteste gegenüber.

Sie schufen deswegen eine Art innerbetriebliches Recht, formal als einen Teil des Arbeitsvertrags, nämlich die Fabrikordnungen, die seit 1891 auch vom Staat vorgeschrieben waren. Diese legten die Arbeitszeiten fest, definierten, was unter unausgesetzter, sorgsamer Arbeit zu verstehen sei, und belegten vor allem die Verstöße gegen diese Bestimmungen mit drakonischen Strafen. Fabrikordnungen

Angespannte, unausgesetzte Tätigkeit sollte auch durch Leistungs- oder Akkordlohn erzwungen werden. Er wurde eingeführt, wo immer bei gleichförmigen Verrichtungen die Arbeiter das Arbeitstempo beeinflussen konnten. Akkordlohn

Um die Fluktuation einzudämmen, wurde oft ein Teil des Lohnes einbehalten und erst nach längerer Betriebszugehörigkeit ausbezahlt. Zum gleichen Zweck, nicht so sehr aus dem Gefühl einer sozialen Verpflichtung heraus, schufen die Unternehmer eine Reihe von innerbetrieblichen Sozialeinrichtungen. Dazu gehörten Betriebskrankenkassen und Betriebssparkassen, Werkskantinen und Arbeiterwohnungen. Innerbetriebliche Sozialeinrichtungen

Trotz der Versuche vieler Unternehmer, der eigenen Belegschaft gegenüber als wohlwollend-sorgender Familienvater aufzutreten, wirkten die Unternehmer im Arbeitsalltag als Herren, die ein grausames, unmenschliches Zwangssystem etabliert hatten. In der harten, eintönigen Arbeit, die sie forderten, verkümmerten die Lebensbedürfnisse und -hoffnungen der Arbeiter.

Der Lohn der Facharbeiter ermöglichte im Kaiserreich eine ausreichende Ernährung für die Familien. Auch in den Familien der ungelernten Arbeiter brauchte nach 1871 niemand mehr zu hungern, solange der Mann Arbeit hatte. Aber gerade bei den ärmeren Familien bestand die Ernährung nach wie vor durchweg aus Kohlehydraten, also in erster Linie aus Kartoffeln, Mehlspeisen und Brot. Bis etwa 1895 stieg dieser Verbrauch sogar noch an, ein Zeichen dafür, daß bis dahin die Ärmeren noch nicht einmal von diesen Grundnahrungsmitteln soviel verbrauchen konnten, wie sie wünschten. Ernährungslage

Am schlechtesten war vermutlich die Wohnsituation. Hinzu kamen Entbehrungen schwer quantifizierbarer Art. Die Sehnsucht nach Selbstverwirklichung, der Wunsch, es in irgendeiner Weise den Besitzenden einmal gleichtun zu können, blieb fast immer ungestillt. Als die Arbeiter es sich gegen Ende des Kaiserreiches allmählich leisten konnten, richteten viele eine „gute Stube“ ein, wo sie ihre wertvollsten Einrichtungsgegenstände aufstellten und in der sie nur zu Festzeiten wohnten, auf diese, beinahe rührende Weise bürgerlichen Lebensstil imitierend. Wohnsituation

Die eigene Armut wirkte auf die Arbeiter besonders empörend, weil sich das Bürgertum mindestens seit den 1850er Jahren in einem schnellen Aufstieg befand. Mochte der Lebensstandard der Arbeiter auch steigen, der bürgerliche stieg bis zum Ende des Jahrhunderts schneller. Dies mußte die ideologischen und politischen Überzeugungen der Arbeiterschaft stark beeinflussen.

2.2 Klassenbildung

Bei der Untersuchung der Arbeiterklasse hat es sich als nützlich erwiesen, eine Formulierung von Marx aufzugreifen, der zufolge eine bestimmte, gemeinsame Klassenlage eine Klasse an sich bestimmt. Die Klasse an sich wird, so führt Marx weiter aus, zu einer Klasse für sich durch ein gemeinsames Bewußtsein und durch Kampf [18: MEW, Bd. 4, 180f.]. Mit anderen Worten: Klassenlage, Klassenbewußtsein und Klassenkampf sind die drei wesentlichen Momente, die eine Klasse in vollem Sinne konstituieren.

Klassenlage, Klassenbewußtsein, Klassenkampf

Die Lage der Arbeiter war durch Lohnarbeit bestimmt. Es fehlten ihnen Produktionsmittel, um mit ihnen eine selbständige Existenz zu begründen. Sie waren rechtlich frei, d.h., sie waren niemandem verpflichtet, für den sie arbeiten mußten, es war aber auch niemand verpflichtet, für sie zu sorgen. Um zu überleben, blieb ihnen nichts, als ihre Arbeitskraft zu verkaufen. Freilich, die Lage der Lohnabhängigen war immer noch heterogen genug. Die landwirtschaftlich tätigen Lohnarbeiter unterschieden sich z.B. von den gewerblich tätigen dadurch, daß sie einer Vielzahl von Arbeitgebern gegenüberstanden und daß sie in ihren Dörfern wesentlich isolierter waren als die Stadtbewohner. Auch die nicht körperlich arbeitenden Angestellten, Verwalter, Aufseher, Handeltreibenden und Angehörigen der „höheren Berufe" waren in einer besonderen Lage. Zwar fehlte auch ihnen in der Regel Eigentum an Produktionsmitteln, aber sie verwendeten oder verwalteten es häufig, ihr Einkommen und ihre Aufstiegschancen waren prinzipiell größer als die der körperlich Arbeitenden, und vor allem war ihre soziale Geltung eine höhere.

Bedeutung der Lohnabhängigkeit

Die körperlich arbeitenden, rechtlich freien, besitzlosen und deshalb auf den Verkauf ihrer Arbeitskraft angewiesenen Lohnarbeiter im industriell oder handwerklich geprägten Gewerbe bildeten im engeren Sinne eine Klasse an sich. Dadurch, daß sie ein gemeinsames Bewußtsein entwickelten und gemeinsam einen Kampf zur Verbesserung ihrer Lage begannen, wurden sie zu einer Klasse an und für sich, einer Klasse im vollen Sinne des Wortes.

Der Herausbildung eines gemeinsamen Bewußtseins stand lange das taditionelle Elitebewußtsein der Handwerksgesellen im Wege. Erst allmählich lernten sie, daß sich alle Industriearbeiter in gleicher Lage befanden. Sie merkten, daß die Solidarität, die die Handwerksgesellen in Jahrhunderten als Grundbedingung der Selbstbehauptung kennengelernt hatten, auch die Ungelernten umfassen mußte, wenn Arbeiterinteressen in der industriellen Welt durchgesetzt werden sollten.

Herausbildung eines Klassenbewußtseins

Das entstehende Klassenbewußtsein nährte sich aus drei Quellen: vor allem aus den geschilderten tatsächlichen Verhältnissen, also aus der Klassenlage der Arbeiterschaft; aus sozialistischen und kommunistischen Ideen und nicht zuletzt aus den traditionellen Vorstellungen, die die verschiedenen Quellschichten der Arbeiterschaft gehegt hatten.

Die ehemaligen Landarbeiter brachten eine grimmige Ablehnung derer „da oben" in die Arbeiterschaft ein, einen Haß auf Arbeitgeber, auf alle Arten von Honoratioren, auch auf die Kirche, weniger oder kaum auf den Staat. Dies gilt wenigstens für die unterbäuerliche Bevölkerung Norddeutschlands, und der schärfere, radikalere Ton der späteren Sozialdemokratie in Norddeutschland im Vergleich zu der eher kompromißbereiten, reformerischen süddeutschen Richtung ist auch darauf zurückgeführt worden, daß die norddeutschen Landabkömmlinge, im übertragenen oder wörtlichen Sinne, durch die Knechtschaft gegangen sind.

Ablehnung derer „da oben" durch die Landarbeiter

Die ehemals unterbäuerlichen und unterhandwerklichen Schichten trugen außerdem die Vorstellung von einer gewissen Sozialpflichtigkeit des Eigentums in die Arbeiterschaft hinein. Eigentum, mindestens das große, quasi anonyme Eigentum, sollte ihrer Meinung nach zur Linderung von Not verwendet werden. In Form von Wald- und Feldfrevel sowie Wilddieberei waren Eigentum und Eigentumsrechte schon immer von der besitzlosen Landbevölkerung mißachtet worden. Eigentum gehaßter Einzelpersonen war immer einmal wieder zerstört worden. Sozialleistungen der Besitzenden empfingen die Angehörigen der Unterschichten nicht mit Dank, sondern als etwas ihnen zu Recht Zukommendes, gewissermaßen mürrisch, weil es immer nur allzu knapp bemessen war.

Geringer Respekt vor dem Eigentum

Im Gegensatz zu den unterhandwerklichen Bevölkerungsschichten hatten die Handwerksgesellen das Eigentum immer respektiert. Sie brachten die Vorstellung von einer unumgänglich nötigen, festen, unverbrüchlichen Solidarität in die Arbeiterschaft ein. Marxens Fanfare „Proletarier aller Länder, vereinigt euch!" war ganz in ihrem Sinne, wenn ihrem Elitebewußtsein die Anrede als Proletarier auch nicht schmeckte.

Solidarität der Handwerksgesellen

Bürgerliche Überzeugungen bei den Handwerksgesellen

Vor allem teilten die ehemaligen Handwerksgesellen die Vorstellungen, mit denen das Bürgertum die ständische Ordnung angegriffen hatte. Auch die Handwerksgesellen und Facharbeiter forderten Teilhabe an den politischen Entscheidungen. Auch sie bejahten weitgehend das Leistungsprinzip, hinzufügend, daß sie ja die Güter der Gesellschaft erzeugten und deshalb die eigentlichen Schöpfer der Kultur seien. Auch sie plädierten mit der Losung „Freie Bahn dem Tüchtigen!" für Chancengleichheit. Auch sie begründeten mit Bildung Ansprüche und postulierten „Wissen ist Macht". Ebenso wie das Bürgertum glaubten sie an den Fortschritt der menschlichen Gesellschaft, und sie gewannen daraus die Überzeugung, daß sich ihre Lage eines Tages mit Sicherheit bessern werde.

Sozialistische und kommunistische Ideen

Solche Denkweisen und Empfindungen der vorindustriellen und industriellen Arbeiter waren der Nährboden für die sozialistischen und kommunistischen Ideen, die seit den 1840er Jahren allmählich in Deutschland bekannt wurden. Die Besitzenden in Deutschland waren alarmiert. Die breite Diskussion über die soziale Frage wurde nicht zuletzt von der Sorge vor der sozialen Revolution der Besitzlosen genährt.

Als Marx im Winter 1847/48 das Kommunistische Manifest mit den Worten einleitete: „Ein Gespenst geht um in Europa, das Gespenst des Kommunismus", verwies er darauf, daß es kommunistische Gedanken schon überall gab. Marx war nur einer der vielen, die diese Ideen zusammenfassen und systematisieren wollten.

Von der sie umgebenden Arbeits- und Lebenswelt geprägt, von vorindustriellen Traditionen beeinflußt, von sozialistischem Gedankengut bestärkt, schlossen sich die deutschen Arbeiter allmählich zu einer Klasse zusammen. Anfänge dieses Prozesses sind in den 1840er Jahren erkennbar, und er setzte sich in den folgenden Jahrzehnten fort.

2.3 *Organisationen*

Arbeitervereine

An vielen Orten in Deutschland entstanden in den 1860er Jahren Arbeitervereine oder Arbeiterbildungsvereine. Einige wenige entstammten schon der alten Arbeiterverbrüderung, andere wurden in den 1850er Jahren gegründet, obwohl politische und gewerkschaftliche Bestrebungen in dieser Zeit durchweg unterdrückt wurden. Alle diese Organisationen wurden von Handwerksgesellen bzw. gelernten Arbeitern getragen. Die Erweiterung der gewerblichen und der allgemeinen Bildung betrachteten sie als eine wesentliche Aufgabe.

Versagen der Liberalen

Daneben sympathisierten sie mit dem Kampf der Fortschrittspartei und anderer liberaler Gruppen für den Parlamentarismus. Zur sozialen Frage, zur Überwindung der Not, hatten die Liberalen jedoch nichts Überzeugendes anzubieten. Sie empfahlen, die Arbeiter sollten selbst Produzenten werden, und zwar auf genossenschaftlicher Basis. Für solche Produktivassoziationen, wie sie z.B. Schulze-Delitzsch vorschlug, fehlten den Arbeitern in aller Regel Kapital und Kenntnisse. Ein Ausweg für alle konnte darin schon gar nicht erblickt werden.

Lassalles „Offenes Antwortschreiben“

In diese Situation einer gewissen theoretischen Ratlosigkeit stieß 1863 Ferdinand Lassalle mit seinem „Offenen Antwortschreiben“. Er erklärte, die Produktivassoziationen müßten durch Staatshilfe ins Leben gerufen und vom Staat unterhalten werden. Um den Staat zu beeinflussen oder zu lenken, brauchten die Arbeiter das allgemeine, gleiche, direkte Wahlrecht. Das zu erkämpfen müsse das nächste, unmittelbar anzustrebende Ziel der Arbeiterschaft sein. Die Fortschrittspartei vertrete nicht die Interessen der Arbeiter. „Der Arbeiterstand“, erklärte Lassalle, „muß sich als selbständige, politische Partei konstituieren“ [13: LASSALLE, Bd. 3, 47].

ADAV

Diese Parteigründung erfolgte wenig später, nämlich am 23. Mai 1863. Als Name wurde „Allgemeiner Deutscher Arbeiterverein“ (ADAV) gewählt. Lassalle wurde Präsident der Partei und mit nahezu diktatorischen Vollmachten ausgestattet.

Lassalles Agitation erregte allgemeines Aufsehen, aber die Partei blieb zunächst schwach. Die Frontstellung gegen die Fortschrittspartei und den mit ihr verbundenen Nationalverein kam für die meisten Arbeiter und Arbeitervereine zu abrupt. Noch weniger mochten sie für ihre Zukunftshoffnungen auf den Staat setzen, wenigstens nicht auf den bestehenden. Auch mißfielen ihnen die diktatorischen Vollmachten Lassalles und noch mehr, nach Lassalles frühem Tod im August 1864, die Parteidiktatur des Nachfolgers Johann Baptist von Schweitzer. Daß der ADAV anfänglich Gewerkschaften ablehnte, isolierte ihn zusätzlich. Zwar wuchs er allmählich, aber es gab noch lange Arbeitervereine im Gefolge der Fortschrittspartei, es gab Abspaltungen vom ADAV, und es gab allerlei unabhängige Gruppen. Einige von ihnen schlossen sich zum „Vereinstag Deutscher Arbeitervereine“ (VDAV) zusammen. Es waren vorwiegend nichtpreußische, in den Mittel- und Kleinstaaten beheimatete Vereine, die sich hier zusammenfanden. Sie mißtrauten mehr als der ADAV dem preußischen Machtstaat, waren lockerer organisiert und ließen den einzelnen Ortsvereinen mehr Freiheiten. Aber der heftige Konkurrenzkampf der beiden Richtungen nährte sich auch aus vielen persönlichen Animositäten und verstärkte sich verständlicherweise noch, als der VDAV sich vom 7. bis 9. August 1869 in Eisen-

Gründung der „Sozialdemokratischen Arbeiterpartei“ in Eisenach

ach als „Sozialdemokratische Arbeiterpartei“ konstituierte. August Bebel und Wilhelm Liebknecht wurden ihre Führer.

Die Arbeiter wurden des Streits der beiden programmatisch wenig unterschiedenen Parteien allmählich überdrüssig, zumal Einigkeit, Solidarität und feste Organisation nach traditioneller Überzeugung der Handwerker-Arbeiter die Voraussetzung für erfolgreiche soziale und politische Kämpfe waren.

Gründung der „Sozialistischen Arbeiterpartei Deutschlands“ in Gotha

Die Einigung erfolgte vom 22. bis 27. Mai 1875 in Gotha. Die neugegründete „Sozialistische Arbeiterpartei Deutschlands“ stellte nun allerdings stärker als die beiden Vorgängerparteien das Privateigentum in Frage. Das „Gothaer Programm“ erklärte, die Arbeitsmittel (= Produktionsmittel) seien allein in der Hand der Kapitalistenklasse, und das verursache das Elend und die Knechtschaft der Arbeiter. Zu ihrer Befreiung müßten deshalb die Arbeitsmittel in das Eigentum der Gesellschaft überführt und genossenschaftlich verwendet werden. Der Arbeitsertrag sollte gerecht verteilt werden, „jedem nach seinen vernunftgemäßen Bedürfnissen“. Nach diesen grundsätzlichen Erklärungen forderte das „Gothaer Programm“ eine demokratische und soziale Umgestaltung des Staates, nämlich ein demokratisches Wahlrecht mit stark plebiszitärem Einschlag, eine progressive Einkommenssteuer als einzige Steuer, eine wirksame Arbeiterschutzgesetzgebung und ähnliches mehr [35: Programmatische Dokumente, 180f.].

Gothaer Programm

Schon vorher waren überall in Deutschland Gewerkschaften oder gewerkschaftsähnliche Vereine entstanden, teils in enger Verbindung mit den Arbeiterparteien, teils im Gefolge der Fortschrittspartei, zu einem großen Teil gänzlich unabhängig und in seltenen Fällen in bruchloser Fortsetzung und Neubelebung der alten Gesellenbruderschaften. Eine Vorreiterrolle spielten dabei die Buchdrucker und die Zigarrenarbeiter. Besonders Ende der 60er Jahre entstanden viele Gewerkschaften. Die Gewerkschaften vermehrten ständig die Zahl ihrer Mitglieder (von etwa 50000 im Jahre 1872/73 auf das Fünfzigfache 1913) und spielten bei den Auseinandersetzungen mit den Unternehmern eine immer wichtigere Rolle.

Gewerkschaften

Die Zunahme der Gewerkschaften bis zum Ersten Weltkrieg erweckt den Eindruck einer stürmischen, unaufhaltsamen Aufwärtsentwicklung. Dies ist im ganzen richtig. Im einzelnen vollzog sich die Mitgliederbewegung jedoch unter unaufhörlichen, z.T. dramatischen Schwankungen.

Nur ein gutes Drittel ihrer Ausgaben verwendeten die Gewerkschaften zur Unterstützung von Streikenden, mit den anderen Geldern unterstützten sie Kranke, Arbeitslose, wandernde Gesellen und halfen bei besonderen Notfällen. Diese Tätigkeit war in der Verbandspresse und in den Diskussionen der Mitglieder von hervorragender Bedeutung. Die Gewerkschaften führten damit die Aufgaben fort, denen sich in der Jahrhundertmitte die Arbeiterverbrüderung und davor die Gesellenbruderschaften gewidmet hatten.

2.4 *Das Sozialistengesetz*

Es hat kaum einen Partei- und Gewerkschaftsführer in den Entstehungsjahren der Arbeiterbewegung gegeben, der nicht wiederholt inhaftiert gewesen wäre. Die meisten Parteiführer wurden wegen Majestätsbeleidigung und wegen Verstößen gegen das Vereinsgesetz inhaftiert (politische Vereine durften keine überregionalen Verbindungen eingehen), die Gewerkschaftsführer hatten sich vor allem wegen des Koalitionsrechts zu hüten, das ihnen ab 1869 zwar Streiks erlaubte, aber jede Maßnahme gegen Streikbrecher untersagte. Obgleich die Programme der Arbeiterparteien vor dem Sozialistengesetz relativ zurückhaltend formuliert waren und die Ziele der Gewerkschaften wenigstens den Nachlebenden hoch berechtigt erscheinen, war die Reaktion der bürgerlichen Gesellschaft und des Staates auf die beginnende Arbeiterbewegung außerordentlich heftig.

Behinderungen und Verfolgungen

Sie Verfolgungen kulminierten während des Sozialistengesetzes, das von 1878 bis 1890 in Kraft war. Dieses „Gesetz gegen die gemeingefährlichen Bestrebungen der Sozialdemokratie" verbot alle Organisationen mit sozialistischen Bestrebungen, auch alle entsprechenden Versammlungen und Presseerzeugnisse. Personen, „von denen eine Gefährdung der öffentlichen Sicherheit" zu erwarten war, konnten ausgewiesen werden. Diese Formulierungen ließen eine weite Auslegung zu.

Sozialistengesetz

In der Folge wurde nicht nur die Sozialdemokratische Partei verboten, sondern auch fast alle Gewerkschaften. In Tarnorganisationen (Gesang- und Sportvereinen, Kegelklubs u. ä.) wurde versucht, die Mitglieder zusammenzuhalten. Nur wenigen Zeitungen gelang es, sich zu tarnen, die meisten wurden verboten. Während des Sozialistengesetzes wurden 800 bis 900 Sozialdemokraten aus ihrer Heimat verbannt.

Tarnung

Trotzdem gelang es nicht, die Sozialdemokratie zu unterdrücken. Das lag unter anderem daran, daß die Tätigkeit der Reichstagsabgeordneten nicht unterbunden wurde. Auch gegen den Wahlkampf der Sozialdemokraten konnte der Staat grundsätzlich nicht einschreiten, wenn in der Praxis auch immer wieder ihre Wahlversammlungen aufgelöst, ihre Flugblätter beschlagnahmt, ihre Druckereien geschlossen wurden.

Sozialdemokratische Reichstagstätigkeit

Alle diese Maßnahmen trugen dazu bei, die Arbeiter zunehmend mit Erbitterung zu erfüllen. Der Staat erschien in wachsendem Maße als der Feind schlechthin, engstens mit den Unternehmern verquickt. Die Arbeiter versuchten zwar, sich im Rahmen der Legalität zu halten, um der Polizei keine Handhaben zum Eingreifen zu geben, ihre Aufnahmebereitschaft für den Marxismus wuchs aber in dieser Zeit weiter an.

Folgen des Sozialistengesetzes

Als 1890 eine neue Verlängerung des Sozialistengesetzes anstand (es war jeweils nur für drei Jahre gültig), lehnten die Konservativen die Vorlage ab, weil sie ihnen zu milde war (der Ausweisungsparagraph war fallengelassen worden). Nur auf Grund dieser Unstimmigkeit im Regierungslager kam das Sozialistengesetz zu Fall.

3. Die Arbeiterschaft im Wilhelminischen Kaiserreich

3.1 Klassenkämpfe

Zu Beginn seiner Regierungszeit im Jahre 1888 wollte Wilhelm II., z. T. beeindruckt durch die Streikwelle 1889/90, eine arbeiterfreundliche Politik betreiben. Das Arbeiterschutzgesetz von 1891, das u. a. die Arbeitszeit von Frauen und Jugendlichen begrenzte, resultierte aus diesem Bemühen. Diese Politik des sogenannten „neuen Kurses“ wurde jedoch schnell aufgegeben, als sich zeigte, daß man die Arbeiter nicht so leicht der Sozialdemokratie entziehen konnte.

Der „neue Kurs“

In den kommenden Jahren wurden immer neue Gesetze gegen die Sozialdemokratie vorbereitet. Sie alle scheiterten, oft aber nur, weil andere Parteien befürchteten, mitbetroffen zu werden. Die sogenannte Umsturzvorlage von 1895 sollte z.B. nicht nur die Staatsordnung schützen, sondern auch die „gesellschaftlichen Grundlagen des staatlichen Verbandes“, womit Religion, Eigentum, Ehe und Familie gemeint waren. Die Bestimmungen waren so schwammig formuliert, daß die Liberalen befürchteten, die geistige Freiheit könnte generell eingeschränkt werden. Deshalb lehnten sie in diesem Falle die Vorlage ab. Oft gingen solche Pläne soweit, daß auch ein Staatsstreich in die Überlegungen mit einbezogen wurde. So gingen Regierungskreise mit dem Gedanken um, das allgemeine, gleiche Wahlrecht für den Reichstag außer Kraft zu setzen. Das hätte nur durch einen Staatsstreich, nicht legal, geschehen können.

Die „Umsturzvorlage“

Mit einer Vielzahl alltäglicher Schikanen und Diskriminierungen ging der Staat gegen die Arbeiterbewegung vor. Der Staat kämpfte nicht nur mit gesetzgeberischen und polizeilichen Mitteln gegen die Arbeiterbewegung und nicht nur dadurch, daß seine arbeiterfreundliche Versicherungspolitik der Sozialdemokratie Stimmen entziehen sollte. Sozialdemokratische Beamte wurden gemaßregelt, ein sozialdemokratischer Physikdozent z. B. 1890 von der Universität entfernt. Gastwirten wurden polizeiliche Schikanen angedroht, wenn sie ihre Säle für sozialdemokratische Veranstaltungen zur Verfügung stellten. Jeder Arbeiter war von Prozessen wegen Majestätsbeleidigung bedroht, wenn er sich abfällig über den Kaiser äußerte. Landfriedensbruch und Nötigung warf man ihm vor, wenn er gegen Streikbrecher Front machte. Bis zum Ersten Weltkrieg arbeiteten Staat und Unternehmerschaft aufs engste bei der Bekämpfung von Streiks zusammen.

Bekämpfung der Sozialdemokratie durch den Staat

In den Betrieben standen sich Unternehmer und Arbeiter häufig in einer extremen Kampfsituation gegenüber. Der Streit um Arbeitsbedingungen und Löhne flammte immer wieder auf. Streiks rissen nicht ab. Sie waren in Zeiten guter Konjunktur häufiger und erfolgreicher als in Zeiten wirtschaftlicher Krise. Die Unternehmer versuchten mit allen Mitteln, die Gewerkschaften zu bekämpfen. Die Unternehmer stellten sich vielfach auf den Standpunkt, daß sie in ihren Betrieben völlig uneingeschränkt zu bestimmen hätten. Sie weigerten sich deshalb z. B. oft, mit Gewerkschaftsführern auch nur zu unterhandeln. Gewerkschafter wurden entlassen; es wurden Listen von mißliebigen Arbeiterführern angelegt, denen man überall die Arbeit verweigerte; bei Streiks wurden Arbeiter in großem Umfang ausgesperrt. Eine besonders scharfe Waffe in der Hand der Unternehmer waren die Verbände, die sie zur Streikbekämpfung gründeten. So wie die Arbeiter sich gegenseitig mit Streikbeihilfen unterstützten, so auch die Unternehmer. Anfang 1914 waren 167673 Betriebe mit fast 5 Mill. Arbeitnehmern solchen Verbänden angeschlossen, die zu einem großen Teil über das ganze Reich ausgedehnt waren. Auch von Unternehmern geführte Gewerkvereine, die sich als Arbeitervertretungen ausgaben, sogenannte „gelbe" Gewerkschaften, dienten dem Zweck, Streiks unmöglich zu machen.

Kämpfe zwischen Gewerkschaften und Unternehmern

Es gelang der sozialdemokratischen Arbeiterbewegung mit ihren freien Gewerkschaften nicht, die gesamte Arbeiterschaft zu erfassen. Ein kleiner Teil der Arbeiter blieb den bürgerlich-liberalen Vereinen treu und organisierte sich in den sogenannten Hirsch-Dunckerschen Gewerkschaften. Ein anderer, größerer Teil sah in den katholischen Arbeitervereinen seine Heimat. Diese Vereine gingen z. T. auf die Gesellenvereine zurück, die Adolf Kolping, beginnend seit Ende der 1840er Jahre, gegründet hatte. 1855 gab es schon 104 solche Vereine mit

Christliche Arbeiterbewegung

12000 Mitgliedern. Der Mainzer Bischof Ketteler unterstützte die beginnende katholische Arbeiterbewegung, indem er vom Staat umfangreiche Sozialmaßnahmen forderte und dabei auch die Selbsthilfe der Arbeiterschaft durch Produktivassoziationen befürwortete, wobei er sich zeitweise stark Lassalle annäherte. 1891 sprach sich dann Papst Leo XIII. in seiner Enzyklika „Rerum novarum" für Arbeiterorganisationen aus, wenn sie nur von christlichem Geist geprägt seien, und ebnete so christlichen Gewerkschaften den Weg. Sie entstanden ab 1894 aus katholischen und evangelischen Arbeiter- und Knappenvereinen im Ruhrgebiet. Sie standen in einer Frontstellung zu den sozialdemokratischen Gewerkschaften und zu den Unternehmern und hatten sich auch gegen Gängelungsversuche der Kirche zu wehren. Die politischen Sympathien der christlichen Arbeiterbewegung gehören zumeist dem Zentrum.

1913 zählten die Freien (sozialdemokratischen) Gewerkschaften 2,5 Mill. Mitglieder, die katholischen rund 340000, die liberalen etwa 100000. Die Dominanz der Freien Gewerkschaften war offensichtlich, aber auch in ihnen war nur ein Teil der Arbeiterschaft organisiert, die (1907) etwa 7 Mill. Menschen zählte.

Isolierung der Sozialdemokratie bei den Reichstagswahlen

Ein tiefer Graben trennte die sozialdemokratische Arbeiterbewegung von allen anderen politischen und sozialen Richtungen. Nirgends wurde das deutlicher als bei den Wahlen zum Deutschen Reichstag. Es herrschte das Mehrheitswahlrecht, d.h., ein Kandidat mußte in seinem Wahlkreis die absolute Mehrheit erringen, um Abgeordneter zu werden. Erhielt niemand beim ersten Wahlgang die absolute Mehrheit, was bei den vielen Parteien und Kandidaten häufig der Fall war, kam es zwischen den beiden Bestplazierten zu einer Stichwahl. War ein Sozialdemokrat dabei beteiligt, taten sich alle anderen Parteien gewöhnlich zusammen, um ihren Wählern den Nichtsozialdemokraten zu empfehlen. Wenn Sozialdemokraten in Stichwahlen siegten, dann vor allem, weil sie bisherige Nichtwähler mobilisieren konnten. Da die Stimmen der unterlegenen Kandidaten nicht zum Zuge kamen, stellte die SPD trotz zahlreicher Stimmen immer relativ weniger Abgeordnete als die anderen Parteien, die von Wahlbündnissen profitierten. Auch der zunehmend ungerechter werdende Zuschnitt der Wahlkreise benachteiligte die Sozialdemokraten. Sie waren die Außenseiter in der bürgerlichen Gesellschaft des Kaiserreichs.

Erfurter Programm

Die Radikalisierung der Arbeiterschaft infolge des Sozialistengesetzes und der gesellschaftlichen Isolierung trug dazu bei, den Marxismus in der Programmatik der Sozialdemokratie zu verankern. Das Programm, das auf dem Erfurter Parteitag vom 14. bis 20. Okt. 1891 beschlossen wurde, lieferte eine marxistische Analyse der bürgerlichen Gesellschaft, die in der Erklärung gipfelte, daß „nur die Verwandlung des kapitalistischen Privateigentums an Produktionsmitteln – Grund und Boden, Gruben und Bergwerke, Rohstoffe, Werkzeuge, Maschinen, Verkehrsmittel – in gesellschaftliches Eigentum ... für die bisher ausgebeuteten Klassen ... zu einer Quelle der höchsten Wohlfahrt und allseitiger harmonischer Vollkommenheit werde" [35: Programmatische Dokumente, 188 f.]. Der praktische Teil des Programms war wesentlich gemäßigter und forderte Reformen wie z. B. ein gerechteres Wahlrecht in den Ländern. Die großen Arbeiterdemonstrationen zur Durchsetzung eines gleichen Wahlrechts (im April 1910 demonstrierten in Berlin z. B. 260 000 Menschen) waren Ausdruck dieses Verlangens.

Mit tiefem Mißtrauen beobachteten die Arbeiterführer alles, was von seiten des Bürgertums geschah. Nahezu immer lehnten sie den Staatshaushalt sowie die Gesetzesvorlagen der Regierungen oder der anderen Parteien ab, mochten diese auch, wie die Versicherungsgesetze der 80er Jahre und die Arbeiterschutzgesetze von 1891, günstige Regelungen für die Arbeiter enthalten. „Diesem System keinen Mann und keinen Groschen!" formulierte Bebel unter dem Beifall der sozialdemokratischen Partei und ihrer Wählerschaft.

Berührungen mit dem Bürgertum, Ansätze einer Arbeiterkultur

Im übrigen gab es selbstverständlich ständig Berührungen zwischen Bürgertum und Arbeiterschaft, nicht zuletzt durch die Dienstmädchen, die zu einem großen Teil Arbeiterfrauen wurden. Auch waren die Übergänge zwischen Arbeiterschaft und Bürgertum fließend. Die Grenzen konnten in beiden Richtungen überschritten werden. So haben denn die Arbeiter nur ansatzweise eigene Werte und Lebensideale, eine eigene Arbeiterkultur entwickelt. Zwar organisierten sie sich zunehmend in eigenen Vereinen, aber was sie dort taten, unterschied sich nicht sehr von den Aktivitäten bürgerlicher Vereine. Bürger wie Arbeiter zogen sonntags ins Grüne und erfrischten sich in Ausflugslokalen. Militärparaden wurden von der gesamten Bevölkerung mit Stolz und Sachverstand begutachtet. Eine Arbeiterbibliothek mochte einen hohen Prozentsatz sozialistischer Literatur enthalten, aber solche Bücher wurden nicht in gleichem Maße ausgeliehen. Die zahlreichen Chöre sangen dieselben Lieder, freilich nicht völlig. Wenn ein bürgerlicher Chor „Es braust ein Ruf wie Donnerhall" anstimmte, ertönte bei den Arbeitern „Brüder, zur Sonne, zur Freiheit". Wenn bürgerliche Sportler Tennis spielten oder segelten, wurde bei den Arbeitern Fußball gespielt oder gerudert. Wenn bürgerliche Theaterfreunde für die „Jungfrau von Orleans" schwärmten, begeisterten sich Arbeiter eher für „Wilhelm Tell". Aber das waren im ganzen mehr graduelle als grundsätzliche Unterschiede.

3.2 *Erfolge*

Die industrielle Produktion des Kaiserreichs erhöhte den gesamtgesellschaftlichen Reichtum, und der Reallohnindex stieg bei abnehmender Arbeitszeit von 1871 = 100 auf 179 im Jahre 1913.

Steigerung der Löhne, Sozialgesetzgebung

In beträchtlichem Maße sicherten auch die Sozialversicherungen die Lebenshaltung der Arbeiter ab. Das Krankenversicherungsgesetz von 1883 gewährte den Arbeitnehmern freie medizinische Versorgung und vom dritten Tage an Tagegelder mindestens in Höhe des halben Lohns. Die Beiträge wurden je zur Hälfte vom Arbeitnehmer und Arbeitgeber aufgebracht. Die gesetzliche Unfallversicherung (1884), die allein von den Unternehmern getragen wurde, sicherte Unfallopfern zwei Drittel des bisherigen Arbeitslohns. Die Invaliditäts- und Altersversicherung, die 1889 Gesetz wurde, sah schließlich eine Altersrente für Arbeiter über 70 Jahre vor. Anfänglich erfaßten diese Gesetze keineswegs alle Arbeiter, aber ihr Geltungsbereich und die Leistungen wurden im Laufe der Zeit erweitert.

Motiviert wurden diese Gesetze zum einen durch das primär karitative Anliegen, besondere Notlagen zu beseitigen. Hinzu kam aber natürlich auch die Hoffnung, durch solche Leistungen der Sozialdemokratie Anhänger zu entziehen.

Wachsende Organisationen

Dies alles, wozu noch die seit 1878 obligatorische Gewerbeaufsicht und das Arbeiterschutzgesetz von 1891 zu rechnen wären, hat nicht vermocht, der Sozialdemokratie in größerem Maße Anhänger zu entziehen. Im Gegenteil: die Partei wuchs. Hatte sie 1906 noch weniger als 400000 Mitglieder gezählt, so standen vor dem Ersten Weltkrieg mehr als 1 Million in ihren Reihen, davon 175000 Frauen. 91 Parteizeitungen erschienen täglich, die in 65 parteieigenen Druckereien gedruckt wurden. Die Auflage lag bei 1,4 Millionen Exemplaren. Zahlreiche Organisationen waren mit der Sozialdemokratie eng verbunden. Die Freien Gewerkschaften hatten 1913 2,5 Mill. Mitglieder. In Arbeiterchören, Arbeitersportvereinen und Arbeiterjugendgruppen waren Hunderttausende von weiteren Sympathisanten organisiert, nicht zuletzt auch in den Konsumvereinen, die schon 1909 1,4 Mill. Mitglieder umfaßten. Auch die Krankenkassen wurden von der Sozialdemokratie und den Gewerkschaften beherrscht. Um die Jahrhundertwende mag es 100000 Vorstandsmitglieder in den Ortskrankenkassen gegeben haben, die von etwa 500000 Delegierten auf den Generalversammlungen der

Versicherten gewählt wurden. In den Ortskrankenkassen gab es um die 4000 bis 5000 hauptamtlich Angestellte, zehnmal mehr als in den Gewerkschaften.

Die Aktivitäten der Arbeiterbewegung gingen weit über die politische Arbeit hinaus. Sie widmete sich mit gleicher Intensität wirtschaftlichen, karitativen und kulturellen Aufgaben (Feste, Theaterabende), sie betrieb Rechtsberatung, sie war durch Vorträge und Einrichtung von Bibliotheken nicht zuletzt auch volksbildnerisch tätig. Sie war eine „Emanzipations- und Kulturbewegung" [281, RITTER, Arbeiterbewegung, 218].

Die Arbeiterbewegung als „Emanzipations- und Kulturbewegung"

Disziplin und Einsatzbereitschaft der deutschen Arbeiter galten als einzigartig und im internationalen Maßstab als vorbildlich. In fester Loyalität standen die Arbeiter zu ihren Organisationen. Ihre Funktionäre ließen es weder an Überzeugtheit von der gemeinsamen Sache noch an Einsatzbereitschaft fehlen. Die SPD konnte deswegen auch ihre Stimmen bei den Reichstagswahlen fast kontinuierlich steigern. Nur wegen der Wahlbündnisse der anderen Parteien konnte sie sie nicht entsprechend in Mandate umsetzen. 1912 erreichte sie ihren größten Wahlerfolg im Kaiserreich. Zum ersten Mal mit einer anderen Partei, den Linksliberalen, verbündet, errang sie 34,8% der Stimmen und 27,7% der Mandate. Sie stellte damit die größte Fraktion im Deutschen Reichstag.

Wahlerfolge

3.3 Richtungskämpfe

Die Erfolge der Arbeiterbewegung konnten in den beiden Jahrzehnten vor dem Ersten Weltkrieg den Eindruck hervorrufen, der Sieg des Proletariats sei unausweichlich. Die Theoretiker der Partei begründeten das mit der Marxschen Verelendungstheorie. Diese behauptete, daß immer mehr bürgerlicher Mittelstand ins Proletariat absinke, so daß immer weniger Kapitalisten übrig blieben. Dieses Proletariat komme in eine immer elendere Lage, so erklärte die Theorie, so daß diese ständig anwachsende, ständig mehr verelendete Masse schließlich in einer Revolution die Herrschaftsverhältnisse des Kapitalismus umstürzen, die wenigen verbliebenen Kapitalisten enteignen und den Sozialismus als eine Gesellschaftsform ohne Privateigentum an Produktionsmitteln begründen würde.

Marx' Verelendungstheorie

Die meisten Arbeiterführer stimmten dieser Analyse der Lage zu und bejahten den durch eine Revolution zu erringenden Sozialismus als das eigentliche Kampfziel. Den Arbeitern selbst ging es eher um eine demokratische Ordnung, in der sie als politisch gleichberechtigte, sozial gesicherte, gebildete, mündige Staatsbürger einen angemessenen Anteil an den materiellen und kulturellen Gütern der Gesellschaft innehatten. Dieses Ziel mochte durch die revolutionäre Niederwerfung der bürgerlichen Gesellschaft erreichbar sein, aber auch durch eine auf dem Wege von Reformen sich vollziehende Integration der Arbeiterschaft in die bürgerliche Gesellschaft.

Integration in die bürgerliche Gesellschaft?

Um das Programm zu revidieren und einer reformerischen Praxis anzupassen, veröffentlichte Eduard Bernstein 1899 die Schrift „Die Voraussetzungen des Sozialismus und die Aufgaben der Sozialdemokratie". In ihr griff er fast alle Thesen des Marxismus an. Er erklärte insbesondere, daß die behauptete Verelendung der Arbeiterschaft nicht eintrete, sondern daß sich die Lage verbessere und daß die Kapitalistenklasse nicht zusammenschmelze. Die sozialistische Revolution rücke deshalb in immer weitere Ferne. Nach einem Sieg der Arbeiterklasse werde schließlich die Mehrheit der Bevölkerung kaum der gewaltsamen Enteignung der Kapitalisten zustimmen, denn sie sei wirtschaftlich fragwürdig und moralisch verwerflich. Die Partei solle sich endlich von den Dogmen des Marxismus lossagen und zu dem bekennen, was sie in Wahrheit sei, nämlich „eine demokratisch-sozialistische Reformpartei" [3: BERNSTEIN, Voraussetzungen, 230].

Bernsteins Angriff auf den Marxismus

Angesichts dieser Schrift stand die SPD an einem Scheideweg. Angeführt von August Bebel, entschied sie sich auf ihrem Hannoveraner Parteitag 1899 für den Marxismus, gegen den Revisionismus. „Die Partei steht nach wie vor auf dem Boden des Klassenkampfs, wonach die Befreiung der Arbeiterklasse nur ihr eigenes Werk sein kann, und betrachtet es demzufolge als geschichtliche Aufgabe der Arbeiterklasse, die politische Macht zu erobern, um mit Hilfe derselben durch Vergesellschaftung der Produktionsmittel und Einführung der sozialistischen Produktions- und Austauschweise die größtmöglichste Wohlfahrt aller zu begründen", so hieß es in der Resolution des Parteitags, die mit überwältigender Mehrheit angenommen wurde [55: Protokoll, 243]. Spätere Parteitage wiederholten dieses Votum.

Bekenntnis zum Marxismus

Trotz des Bekenntnisses zum Marxismus tat die Partei nichts, um die sozialistische Revolution vorzubereiten. „Wir sind eine revolutionäre, aber nicht eine Revolutionen machende Partei", hat Karl Kautsky diese Haltung charakterisiert [162: MILLER/POTTHOFF, Kleine Geschichte, 315]. Sie lief darauf hinaus, passiv die Revolution abzuwarten.

Die Arbeiterbewegung blieb bei ihrem täglichen Kampf um kleine Verbesserungen und Reformen. Für konsequente Marxisten wie Rosa Luxemburg und Karl Liebknecht entstand damit die Gefahr, über die Reformen die Revolution zu vergessen. Vor allem durch das

Vorbild der russischen Revolution von 1905/06 angeregt, plädierten sie dafür, doch wenigstens den politischen Massenstreik als Mittel revolutionären Kampfes einzusetzen. Auch in dieser Frage wogte der Meinungskampf hin und her, aber die Befürworter des Massenstreiks scheiterten schließlich an den Gewerkschaften und an der Mehrheit der Partei.

Debatte über den Massenstreik

So gab es denn in den Jahren vor dem Ersten Weltkrieg drei Richtungen innerhalb der Arbeiterbewegung: eine relativ kleine, revisionistische, die die Lösung vom Marxismus und das Bekenntnis zu demokratischen Reformen befürwortete, eine zweite, die große Mehrheit, die zwar praktische Reformpolitik betrieb, aber sich nach wie vor zum Marxismus bekannte, und eine dritte, wieder relativ kleine, radikal marxistische, die mit revolutionärem Kampf Ernst machen wollte. Die deutsche Arbeiterbewegung mit ihren großen Organisationen und ihrer bewundernswürdigen Disziplin war in fataler Weise gespalten. Zwischen Programm und Praxis, zwischen Bekenntnis und Handeln klaffte ein Widerspruch, den die Revisionisten und die Revolutionäre jeweils in entgegengesetzem Sinn beseitigen wollten, von dem sich aber die breite Mehrheit nicht befreien konnte.

Richtungen innerhalb der Arbeiterbewegung

Daß die „zentristische" Mehrheit sich nicht zu einem realistischen Revisionismus durchringen konnte, ist nicht ihr allein vorzuwerfen. Die Ausgrenzung durch die bürgerliche Gesellschaft und die feindselige Haltung des Staates haben wesentlich dazu beigetragen, daß sich der radikale Marxismus in der Arbeiterbewegung behauptete. Wenn Gesellschaft und Regierung eine entgegenkommende Politik treiben würden, wäre der Revisionismus unwiderstehlich, hat schon 1911 Karl Kautsky festgestellt. Wo die Arbeiterbewegung Erfolge verzeichnen konnte, etwa in der gewerkschaftlichen Arbeit oder auf politischer Ebene in Baden und Bayern, wo z.B. das gleiche Landtagswahlrecht eingeführt wurde, waren die Arbeitervertretungen leichter geneigt, von allmählichen Reformen eine grundsätzliche Verbesserung ihrer Lage zu erwarten. Aber im großen und ganzen bekämpften Staat und bürgerliche Gesellschaft die Arbeiterbewegung hartnäckig. Das Bürgertum konnte sich in seiner großen Mehrheit nicht von der Vorstellung befreien, die der Marxismus suggerierte, nämlich, daß die Arbeiterklasse angetreten sei, das bürgerliche Eigentum zu beseitigen.

3.4 Der Erste Weltkrieg

Im Juli 1914 demonstrierten die Arbeiter im Einklang mit ihrer Partei und ihren pazifistischen, humanistischen und internationalen Traditionen zwar für den Frieden, aber als sich am 31. Juli die Möglichkeit eines Krieges ernsthaft abzeichnete, schwemmte eine Welle von Kriegsentschlossenheit und -begeisterung alle Bedenken hinweg. So sehr die Arbeiterschaft bisher von der übrigen Gesellschaft verfemt worden war, so sehr konnte sie sich in dieser nationalen Euphorie dem Gefühl hingeben, nun endlich als gleichberechtigter, unentbehrlicher Teil des Volksganzen anerkannt zu sein.

Kriegsbegeisterung 1914

So war es denn für die Mehrheit der sozialdemokratischen Reichstagsfraktion selbstverständlich, die für die Kriegsführung erforderlichen Kredite zu genehmigen. Aus Gründen der Fraktionsdisziplin stellten die 14 abweichenden SPD-Abgeordneten ihre Bedenken zur Seite. Zum ersten Mal erhielt die SPD-Fraktion den Beifall des gesamten Reichstags, als ihr Vorsitzender Haase am 4. August 1914 erklärte: „Wir lassen in der Stunde der Gefahr das Vaterland nicht im Stich.“ [275: Miller, Burgfrieden, 63].

Bewilligung der Kriegskredite

Für die Arbeiter war der Krieg ein reiner Verteidigungskrieg. Für alles, was darüber hinaus ging, waren sie nicht bereit, Opfer zu bringen. Im übrigen erwarteten sie auch die dauernde politische und gesellschaftliche Anerkennung für ihr Verhalten, was sich äußerlich z. B. in der Gewährung des gleichen Wahlrechts in Preußen zeigen sollte.

Je länger sich der Krieg hinzog, um so mehr verdichtete sich der Argwohn in der Arbeiterschaft, der Krieg werde von deutscher Seite für ein expansives Programm geführt. Dieser Verdacht wurde vor allem durch die Kriegszielprogramme genährt, die von der Rechten propagiert wurden, ohne Widerspruch von seiten der Regierung zu erfahren.

Verteidigungs- oder Eroberungskrieg?

Auch in der Frage des Wahlrechts bewegte sich lange nichts. Erst Ostern 1917 konnte sich der Kaiser dazu durchringen, eine Änderung des preußischen Wahlrechts öffentlich anzukündigen, erst im Juli 1917 erklärte er sich für das gleiche Wahlrecht.

Wahlrechtsfrage

Der Verdacht, der Erste Weltkrieg werde auch von deutscher Seite als imperialistischer Raubkrieg geführt, veranlaßte Karl Liebknecht schon am 2. Dezember 1914, gegen die Kriegskredite zu stimmen. Andere Sozialdemokraten folgten. Unter ständigen, leidenschaftlichen Auseinandersetzungen, die bis in die Basis hinunter gingen, spaltete sich in dieser Frage die Partei. Auf einem Parteitag in Gotha vom 6. bis 8. April 1917 gründete sich die USPD, die „Unabhängige Sozialdemokratische Partei Deutschlands“. Die Sozialdemokraten der verbleibenden SPD nannten sich in der Folge oft auch Mehrheitssozialdemokraten.

Spaltung der SPD, Gründung der USPD

Deutschland litt unter dem Krieg. In jeder Familie zitterte man um die Angehörigen, die an der Front standen. Bis Ende des Krieges

Belastungen durch den Krieg

fielen 1,8 Mill. deutsche Soldaten, 4,2 Mill. wurden verwundet. Die Heimat hungerte wie seit Jahrzehnten nicht mehr. Rohstoffe für Textilien fehlten fast völlig, Kohle und vieles andere war knapp. Die schließlich etwa 200 Kriegsgesellschaften und Kriegsausschüsse, die die knappen Produkte erfassen und verteilen sollten, konnten den Mangel nicht beseitigen. Etwa eine dreiviertel Million Menschen starben an Hunger.

Es konnte nicht ausbleiben, daß unter diesen Bedingungen die Preise stiegen. Zwar waren Höchstpreise festgesetzt, aber es bildete sich, durch eine schleichende Inflation begünstigt, ein „Schwarzer Markt", der dem öffentlichen Verteilungssystem bis zu einem Drittel der Lebensmittel entzog. Die Schwarzmarktpreise betrugen etwa das Fünf- bis Siebenfache der offiziellen Höchstpreise, d. h., für viel Geld war immer noch fast alles erhältlich. Zwar stiegen die Löhne, aber sie blieben weit hinter den Schwarzmarktpreisen zurück. Andere konnten sich noch immer alles leisten, ja, es gab ausgesprochene Nutznießer der Kriegswirtschaft. Diese Ungerechtigkeit erbitterte die Arbeiter mehr als der bloße Mangel. Er erschien weniger als ein kriegsbedingtes Unglück, sondern mehr als Unrecht der Behörden. Schwarzmarkt

Um alle Arbeitskräfte auszuschöpfen, wurde im Dezember 1916 das Hilfsdienstgesetz erlassen. Für die dort vorgesehenen Ausschüsse, die über die Verwendung der Arbeitskräfte entscheiden sollten, stellten die Gewerkschaften die Hälfte der Mitglieder. In allen Betrieben mit mehr als 50 Arbeitern wurden ständige Arbeiterausschüsse gebildet. Die Gewerkschaften hatten damit einen großen Erfolg errungen, weil es in der kriegswichtigen Industrie nun eine gewerkschaftliche Mitbestimmung gab. Zum ersten Mal nahmen die Gewerkschaften eine gesetzlich sanktionierte Stellung in der Gesellschaft ein. Diese grundsätzliche Bedeutung des Gesetzes war für die Zukunft wichtiger als die Tatsache, daß es gegen den erbitterten Widerstand der Unternehmer nicht allzu viel praktische Wirkung entfalten konnte. Hilfsdienstgesetz

Solche Aktivitäten trugen den Gewerkschaften und den Mehrheitssozialdemokraten allerdings bei Teilen der Arbeiterschaft den Ruf ein, auf seiten der Kriegsverlängerer und Annexionisten zu stehen. Radikale Teile der Arbeiterschaft entglitten den Gewerkschaften. Die Revolution in Rußland und die anscheinend so harten Bedingungen des Friedens von Brest-Litowsk trugen dazu bei, die Überzeugung zu verbreiten, nur die deutsche Regierung stehe einem Friedensschluß im Wege. Aus der wirtschaftlichen Not heraus und durch die politische Konstellation verstärkt, kam es deshalb Ende Januar 1918 in Berlin zu einem ausgedehnten Streik, an dem über 200 000 Arbeiter teilnahmen. Streiks

Nicht mehr die Gewerkschaften, sondern sogenannte Revolutionäre Obleute aus den Betrieben waren die Anführer dieser Streiks.

Im Frühsommer 1918 flackerte in Deutschland noch einmal die trügerische Hoffnung auf einen Sieg auf, aber als die militärische Offensive steckenblieb, war die Enttäuschung um so größer. Frieden ohne Annexionen und Kontributionen, zunehmend auch: Frieden um jeden Preis – das war das immer unbedingter verfolgte Ziel der breiten Bevölkerung in Deutschland. Aber es war nicht die Kriegsmüdigkeit der deutschen Bevölkerung, die die Oberste Heeresleitung ab Ende September veranlaßte, von der Reichsregierung die Abgabe eines Waffenstillstandsangebots zu verlangen. Der Krieg war militärisch verloren. Im Südosten war die Front zusammengebrochen, und der Zusammenbruch der Westfront konnte wegen der gewaltigen alliierten Überlegenheit jederzeit eintreten.

Friedenssehnsucht

4. Die Arbeiterschaft in der Weimarer Republik

4.1 Die Arbeiterschaft in der Revolution von 1918/19

Als die deutsche Seekriegsleitung nach Angabe des Waffenstillstandsangebots beschloß, noch eine letzte Schlacht zu schlagen und dabei mit der Hochseeflotte „in Ehren" unterzugehen, begannen am 29. Oktober 1918 die Matrosen zu meutern. Die Werftarbeiter schlossen sich ihnen an, die Meuterei wurde zum allgemeinen Aufstand. Von Kiel ausschwärmend, trugen ihn die Matrosen ins Reich, wo sich die Arbeiter und die Soldaten der Heimatgarnison auf ihre Seite stellten. Am 9. Nov. hatte die Revolution in Berlin die Macht in der Hand. Scheidemann und wenig später Karl Liebknecht proklamierten die deutsche Republik. Nach russischem Vorbild wurden in den Betrieben und Garnisonen Arbeiter- und Soldatenräte gewählt. Der Mehrheitssozialdemokrat Friedrich Ebert, der noch von dem letzten kaiserlichen Reichskanzler mit der Führung der Regierung beauftragt worden war, bildete zusammen mit zwei weiteren Mehrheitssozialdemokraten und drei Unabhängigen den „Rat der Volksbeauftragten", die neue, revolutionäre Regierung. Die Unabhängigen traten allerdings im Januar wieder aus der Regierung aus.

Revolution, Proklamierung der Republik

In München hatte schon am 7. November 1918 der Unabhängige Sozialdemokrat Kurt Eisner im Anschluß an eine Massendemonstration einen Teil der Arbeiter und die Garnison zur Bildung eines Arbeiter- und Soldaten-Rats veranlaßt, der in der folgenden Nacht eine Regierung unter Eisner einsetzte. Ein Widerstand gegen die Revolution war hier zunächst ebensowenig wie im übrigen Deutschland spürbar.

Die Arbeiter hatten einen Krieg für Eroberungen abgelehnt, aber revoltiert hatten sie erst, als der Krieg verloren war. Ihr Ziel war die Beendigung des Krieges und die Errichtung der Demokratie. In zweiter Linie bestand der Wunsch nach Etablierung des Sozialismus, zunächst also nach Verstaatlichung der wichtigsten Industrien. Über den Weg zu diesem Ziel gab es kaum konkrete Vorstellungen. Auch schien anderes zunächst dringender zu sein. Ebert und die Mehrheitssozialdemokratie waren geprägt von der Furcht vor bolschewistischem Terror, bedrückt auch von der Verantwortung, die auf ihnen lag, und hatten deshalb vor allem die Sorge, Ruhe und Ordnung aufrechtzuerhalten.

Ziele der Revolution, Befürchtungen der MSPD

Außerdem konnten sich die Mehrheitssozialdemokratie und die meisten Arbeiter soziale Veränderungen nur auf demokratische Weise, durch Mehrheitsentscheidung eines frei gewählten nationalen Parlaments, vorstellen, nicht durch revolutionäre Gewalt. Nicht nur die MSPD forderte deshalb vom ersten Tag der Revolution an die Einberufung einer durch das allgemeine gleiche Wahlrecht gewählten Nationalversammlung. Auch der Allgemeine Kongreß der Arbeiter- und Soldatenräte Deutschlands beschloß am 19. Dez. 1918, die Wahlen zur Nationalversammlung an einem möglichst frühen Zeitpunkt vorzunehmen, nämlich am 19. Jan. 1919.

Nationalversammlung oder Fortführung der Revolution

In großen Teilen der Arbeiterschaft bestand aber ein erhebliches Mißtrauen gegen die Mehrheitssozialdemokratie und beträchtliche Sorge, die Nationalversammlung werde alle Hoffnungen auf Sozialisierung vereiteln. Zwar befürwortete auch die USPD mit großer Mehrheit die Wahl der Nationalversammlung, aber eine starke Minderheit um die Spartakisten Rosa Luxemburg und Karl Liebknecht wollte in einem großen, revolutionären Aufschwung die Arbeiter- und Soldatenräte fest etablieren, die gegenrevolutionären Kräfte entmachten und so einen auf den Räten aufbauenden demokratischen Sozialismus errichten. Mit einigen anderen Gruppen gründeten sie in den Tagen vom 30. Dez. 1918 bis 1. Jan. 1919 die Kommunistische Partei Deutschlands.

Gründung der KPD

Die Entlassung des USPD-Politikers Eichhorn als Polizeipräsident von Berlin veranlaßte die radikalen Berliner Arbeiter am 5. Jan. 1918 zu einer gewaltigen Demonstration. Spontane Gruppen besetzten das Gebäude des „Vorwärts", der Zeitung der Mehrheitssozialdemokratie. Mißtrauen und Haß, die sich in großen Teilen der Berliner Arbeiterschaft während der vier Jahre des Krieges gegen die Führung der MSPD angesammelt hatten, sprachen sich überdeutlich aus. In einer dramatischen Nachtsitzung beschlossen Revolutionäre Obleute und

Vertreter von KPD und USPD, die Revolution voranzutreiben und die Stimmung der Arbeiterschaft für den Sturz der Regierung Ebert zu nutzen. Am 6. Jan. konnte die SPD jedoch so viele Anhänger mobilisieren, daß sie in Gegendemonstrationen die Regierungsgebäude schützen konnten. Republikanische Ordnungskräfte der Regierung hatten Berlin schon fast völlig wieder in ihrer Hand, bevor Freikorps herangeführt waren, die das Vorwärts-Gebäude einnahmen. Nach Beendigung der Kämpfe, am 15. Januar 1918, ermordeten sie Karl Liebknecht und Rosa Luxemburg.

Januarunruhen

Wahlen zur Nationalversammlung

Vier Tage später, am 19. Januar 1918, ergaben die Wahlen zur Nationalversammlung für die SPD 38, die USPD 8% der Stimmen. Auch wenn sich die beiden Arbeiterparteien über eine gemeinsame, sozialistische Politik hätten verständigen können, es fehlte ihnen dazu die Mehrheit. So blieb der SPD gar nichts anderes übrig, als sich zusammen mit der linksliberalen DDP und dem Zentrum auf den Aufbau einer Demokratie zu konzentrieren. Einen parlamentarischen Weg zum Sozialismus gab es damit zunächst jedenfalls nicht.

Kämpfe in Bayern

Wie brüchig die Grundlage der jungen Demokratie war, zeigten die Ereignisse in München. Es gelang Eisner nicht, einen Rückhalt in der bayerischen Bevölkerung zu gewinnen. Bei den Landtagswahlen am 12. Januar 1919 errang die USPD nur 2,6% (die SPD 36%). Als Eisner am 21. Februar von monarchistischer Seite erschossen wurde, setzte der Landtag eine Regierung unter dem Mehrheitssozialdemokraten Hoffmann ein. Diese mußte jedoch nach Bamberg ausweichen, weil erst der Arbeiter- und Soldatenrat, dann eine kommunistische Gruppe in der Landeshauptstadt die Macht ergriffen. Nur mit Hilfe von durchaus antirepublikanisch gesonnenen Freikorps konnte der Landtag am 1. Mai 1919 wieder in seine Rechte eingesetzt werden.

4.2 Die Spaltung der Arbeiterbewegung

Verrats-Vorwurf gegen die SPD

In den Nachkriegsjahren vertiefte sich die Spaltung der Arbeiterbewegung. Die Kommunistische Partei und der linke Flügel der USPD sahen in dem Zusammengehen der SPD mit den bürgerlichen Parteien, in der Hast der SPD, eine Nationalversammlung wählen zu lassen, in dem ständigen Bemühen der SPD um Ruhe und Ordnung und in der Zusammenarbeit mit dem alten Militärapparat den offenbaren Verrat an den sozialistischen Zielen der Arbeiterbewegung.

Bei dem spektakulärsten Versuch der radikalen Rechten, die Republik zu beseitigen, dem Kapp-Lüttwitz-Putsch vom 13. März 1920, bewährte sich allerdings zunächst noch der gemeinsame Wille der gesamten deutschen Arbeiterschaft, die junge Demokratie zu schützen. Der Einmarsch der putschenden Brigade Ehrhardt in Berlin wurde mit einem Aufruf zum Generalstreik beantwortet, den die Arbeiterschaft geschlossen befolgte, so daß das Unternehmen schon nach vier Tagen zusammenbrach. Aber der Widerstand der Arbeiter beschränkte sich nicht auf den Streik. Arbeiterwehren vertrieben die putschistischen oder mit dem Putsch sympathisierenden Truppen aus dem Ruhrgebiet.

Kapp-Putsch

Als der Putsch zusammengebrochen war, kämpfte diese Rote Ruhr-Armee weiter. Unzufriedenheit mit der SPD-Regierung, Haß gegen das Militär, der Wunsch, endlich die Sozialisierung in Angriff zu nehmen, bestimmte ihre Weigerung, die Waffen niederzulegen. Erst das Bielefelder Abkommen, das am 24. März zwischen der preußischen und der Reichsregierung einerseits und den Kommunen und Einwohnerwehren des Ruhrgebiets andererseits geschlossen wurde, veranlaßte die meisten Angehörigen der Roten Ruhr-Armee, den Kampf einzustellen. Die anderen wurden durch Reichswehrtruppen niedergeworfen, die kurz vorher noch mit dem Putsch sympathisiert hatten.

Rote Ruhr-Armee und Bielefelder Abkommen

Das Bielefelder Abkommen beinhaltete u. a., daß die Sozialgesetzgebung ausgebaut und die „Sozialisierung der dazu reifen Wirtschaftszweige“ in Angriff genommen werden sollte [34: Dokumente und Materialien, Reihe 2, Bd. 7.1, 231]. Gedacht war in erster Linie an eine Verstaatlichung des Kohle- und Kalibergbaus. Eine parlamentarische Basis gab es für diese Vorhaben nicht, und so blieb das Bielefelder Abkommen ohne Folgen. Die Nichterfüllung dieses Abkommens und die Niederwerfung der Reste der Roten Ruhr-Armee durch Reichswehrtruppen, die unter einer sozialdemokratischen Regierung standen, bestätigte für viele Arbeiter erneut die These vom Verrat der Sozialdemokratie.

Umgekehrt sahen die Sozialdemokraten im Kampf der Kommunisten vor allem den Versuch, zugunsten des Sozialismus Demokratie und Freiheit zu beseitigen. Der blutige Terror des Bolschewismus, der in Deutschland nicht zuletzt durch emigrierte russische Sozialdemokraten bekannt war, ließ die weitaus größeren Teile der Arbeiterschaft, besonders auch die Gewerkschaften, vor dem kommunistischen Weg zurückschrecken. Trotzdem schloß sich im Dezember 1920 nach dramatischen Auseinandersetzungen der linke Flügel der USPD-Führung zusammen mit einem großen Teil der Mitglieder der KPD an, die restliche USPD kehrte 1922 zur SPD zurück.

Vorwürfe gegen die KPD

4.3 Die Arbeiterschaft als Klasse

Der Erste Weltkrieg hat die Lage der Arbeiterschaft zweifellos verschlechtert, und diesen Rückschlag hat die Arbeiterschaft in der Weimarer Republik erst 1928 für kurze Zeit wettmachen können. Die soziale Lage der Arbeiterschaft blieb deswegen fast ständig unbefriedigend.

Einschätzung der Republik durch die Arbeiter

Die Arbeiter haben die Weimarer Demokratie geschaffen, und sie identifizierten sich stärker als alle anderen sozialen Gruppen in Deutschland mit dem neuen Staat. Aber sie taten es nicht alle und nicht vorbehaltlos. Aus der Zeit um 1930 haben sich Materialien einer Umfrage unter Arbeitern erhalten, die das verdeutlichen [101: FROMM, Arbeiter]. Auf die Frage, wer in dem neuen Staatswesen wirklich die Macht habe, antworteten 56% mit „Kapital, Kapitalisten, Industrie und Banken". In dieser Überzeugung unterschieden sich SPD- und KPD-Anhänger keineswegs. Entsprechend wenige glaubten, Regierung, Parlament oder die republikanischen Parteien hätten die Macht (insgesamt nur 7%). Eine Verbesserung der Zustände erwarteten 41% vom Sozialismus, und zwar 75% der Kommunisten, 36% der Sozialdemokraten (53% der sozialdemokratischen Funktionäre).

Sogar die sozialdemokratischen Arbeiter waren in einem hohen Maße nur Vernunftrepublikaner. Sie bejahten Demokratie und Freiheit weniger als wertvoll in sich selbst, sondern vor allem als Hilfsmittel im Kampf für den Sozialismus. Die gesellschaftliche Ordnung, in der sie lebten, empfanden sie nach wie vor als eine ausbeuterische Klassengesellschaft. Das Heidelberger Programm der SPD, 1925 unter Kautskys Federführung entstanden, erklärte dementsprechend, daß „die ökonomisch entscheidenden Produktionsmittel zum Monopol einer verhältnismäßig kleinen Zahl von Kapitalisten" geworden seien. „Immer größer wird die Zahl der Proletarier", hieß es darin, „immer schroffer der Gegensatz zwischen Ausbeutern und Ausgebeuteten, immer erbitterter der Klassenkampf zwischen den kapitalistischen Beherrschern der Wirtschaft und den Beherrschten." Und nur knapp formulierte das Programm den Zusatz: „Die demokratische Republik ist der günstigste Boden für den Befreiungskampf der Arbeiterklasse und damit für die Verwirklichung des Sozialismus. Deshalb schützt die Sozialdemokratische Partei die Republik." [35: Programmatische Dokumente, 216ff.]

Heidelberger Programm der SPD

Es war eine schwierige, kaum lösbare Aufgabe, die staatliche Ordnung zu verteidigen und die gesellschaftliche Ordnung zu bekämpfen. Die Glaubwürdigkeit der SPD konnte unter dieser doppelten Zielsetzung nur leiden, nicht nur bei den sozialistischen Arbeitern, sondern

Das Dilemma der SPD

auch bei den bürgerlichen Koalitionspartnern. In allen Jahren der Weimarer Republik sah oder glaubte sich die Partei gezwungen, zum Schutz der staatlichen Ordnung den elementaren Instinkten der Arbeiterschaft zuwider handeln zu müssen. Die Niederwerfung der Januarunruhen 1919 ist ein erstes großes Beispiel in dieser langen Reihe, die Tolerierung Brünings und die Empfehlung von 1932, Hindenburg als Reichspräsidenten wiederzuwählen, gehören zu den letzten.

Anziehungskraft der KPD

Die KPD erschien vielen sozialistischen Arbeitern konsequenter als die SPD. Besonders die Jugendlichen fühlten sich von ihr angezogen, aber auch die schlechter verdienenden Arbeiter, die Deklassierten und Verzweifelten. Als sich die Wirtschaftslage der Weimarer Republik ab 1929/30 rapide verschlechterte, wuchs die KPD auf Kosten der SPD.

Isolierung der Arbeiterbewegung

Die Arbeiterparteien insgesamt blieben, abgesehen von der Wahl zur Nationalversammlung 1919, tendenziell unter 40%. Das Ziel des Sozialismus war in der deutschen Gesellschaft nicht mehrheitsfähig. Die Arbeiterklasse war gegenüber der übrigen Gesellschaft nach wie vor isoliert.

Wachstum der Arbeiterorganisationen

Auch in der Freizeit blieb die Isolierung der Arbeiter zu einem großen Teil bestehen. Wie in der Kaiserzeit hatten sie ihre eigenen Sportvereine, ihre eigenen Wander- und Gesangvereine, deren Mitgliederzahlen gewaltig zunahmen. Der deutsche Arbeitersängerbund stieg von 192000 Mitgliedern vor dem Ersten Weltkrieg auf 320000 im Jahre 1931/32, der Arbeiter-Turn- und Sport-Bund in derselben Zeit von 187000 auf 546000, die Arbeiterjugend von 19000 auf 50000 Mitglieder (1930). In der thüringischen Stadt Schmölln mit etwas mehr als 12000 Einwohnern gab es in den 1920er Jahren z. B. 19 Arbeitervereine. Besonders in den späteren Jahren der Republik spalteten sich die Organisationen häufig in sozialdemokratische und kommunistische.

4.4 Krise und Zusammenbruch der Demokratie

Weltwirtschaftskrise und Arbeitslosigkeit

Die Weltwirtschaftskrise hatte einen erheblichen Anteil an dem Zusammenbruch der Weimarer Demokratie. Die Arbeitslosigkeit erreichte im Winter 1929/30 ungewöhnlich hohe Werte und blieb in den nächsten drei Jahren ständig auf einem nie gekannten hohen Niveau. Im September 1929 wurden 1,3 Mill. Arbeitslose verzeichnet, im Sept. 1930 über 3 Mill., ein Jahr später 4,3 Mill., im Sept. 1932 5,1 Mill. Der Höhepunkt der Arbeitslosigkeit wurde im Winter 1932/33 mit über 6 Mill. Arbeitslosen erreicht.

Die Arbeitslosenversicherung war bei weitem nicht mehr imstande, die Arbeitslosen zu unterstützen. Wer aus der Arbeitslosenversicherung ausschied, weil er länger als 39 Wochen arbeitslos gewesen war, erhielt, bei Bedürftigkeit, für etwa weitere 39 Wochen Zuwendungen aus der Krisenfürsorge. Danach trat die Wohlfahrtsunterstützung der Gemeinden ein. Je länger die Krise dauerte, desto mehr nahmen die Empfänger von Arbeitslosenunterstützung ab, desto zahlreicher wurden die Empfänger von Krisenfürsorge und Wohlfahrtsunterstützung.

Die Unterstützungssätze und -fristen mußten häufig reduziert werden, zuletzt im Juni 1932. Sie variierten von Ort zu Ort, von Empfänger zu Empfänger, und erlaubten vielfach nur das nackte Überleben. Wie in den Zeiten des Pauperismus waren die Arbeitslosen gezwungen, ihre Ernährung fast ausschließlich auf Kartoffeln und Brot zu beschränken.

Neben den von den Arbeitsämtern erfaßten Arbeitslosen gab es viele, die sich nicht anmeldeten, weil sie mit der Vermittlung einer Arbeit nicht rechneten oder sich schämten, Unterstützungen anzunehmen. Den offiziellen Arbeitslosenzahlen sind deshalb die sog. „unsichtbaren" Arbeitslosen hinzuzurechnen.

Die Wirtschaftskrise nährte einen politischen Fanatismus, wie man ihn vor- und nachher in Deutschland nicht wieder gekannt hat. Die zahlreichen Wahlkämpfe (neben den Reichstagswahlen die Wahlen zu den Landesparlamenten, die Reichspräsidentenwahlen und Volksbegehren und Volksentscheid gegen den Young-Plan) wurden mit größter Leidenschaft ausgetragen. Schlägereien und Überfälle auf die politischen Gegner waren an der Tagesordnung. Immer wieder gab es Tote, auch auf seiten der Polizei. Versuche, die Versammlungen der politischen Gegner zu stören, zu sprengen oder umzufunktionieren, waren eher die Regel als die Ausnahme.

Leidenschaftliche politische Kämpfe

Zum Schutz ihrer Veranstaltungen hatte die SPD zusammen mit Teilen der DDP und des Zentrums schon im Februar 1924 das „Reichsbanner Schwarz-Rot-Gold" gegründet. Im Juli und August 1924 entstand der Rotfrontkämpfer-Bund der Kommunisten. Die SA („Sturm-Abteilung") der Nationalsozialisten gab es schon seit 1921. Alle diese paramilitärischen Verbände waren uniformiert, sie betrieben Wehrsportübungen, pflegten die Erinnerungen an „Frontkameradschaft" und standen, vor allem gegen Ende der Republik, in fast ständigen und oft genug tätlichen Kämpfen gegeneinander, wobei Schußwaffen immer häufiger verwendet wurden. Deutschland befand sich am Rande des Bürgerkrieges.

Paramilitärische Verbände

Präsidialregierung Brüning

Nach dem Sturz der Regierung Müller im März 1930 regierte der neue Reichskanzler Brüning mit Hilfe von Notverordnungen, d.h., die Gesetze wurden nicht mehr parlamentarisch beraten und beschlossen, sondern als Notverordnungen des Reichspräsidenten gemäß Art. 48 der Verfassung erlassen. Sie waren durchweg unpopulär, weil sie durch eine – vielleicht unvermeidbare – Härte für die breite Bevölkerung gekennzeichnet waren. Der Reichstag hätte sie wieder aufheben können. Die SPD verzichtete jedoch auf diese Möglichkeit, weil sie keine Neuwahlen riskieren wollte, denn diese wären nur der NSDAP zugute gekommen. Die Septemberwahl 1930, relativ kurz nach Beginn von Brünings Amtszeit, hatte der NSDAP 18% der Stimmen gebracht und sie zur zweitstärksten Partei gemacht, und alle Anzeichen sprachen dafür, daß sie laufend stärker wurde.

Tolerierung Brünings und Unterstützung Hindenburgs durch die SPD

Diese „Tolerierung" Brünings, so vernünftig sie war, beeinträchtigte das Ansehen der Partei bei den kampfbereiten, vor allem bei den jungen Arbeitern. Ähnlich wirkte die Unterstützung Hindenburgs bei den Reichspräsidentenwahlen des Jahres 1932, denn Hindenburg war zweifellos die Verkörperung des den Arbeitern verhaßten preußischen Militarismus und Junkertums. Andererseits konnte die SPD darauf verweisen, daß er bis dahin die Verfassung weitgehend respektiert hatte und daß es offensichtlich niemand anderen gab, der sich mit einiger Aussicht auf Erfolg dem Präsidentschaftskandidaten Hitler in den Weg stellen konnte.

„Sozialfaschismus"-These

Die KPD konzentrierte sich ganz auf den Kampf gegen die SPD. Nach ähnlichen Ansätzen 1924 verkündete sie auf ihrem Parteitag in Berlin-Wedding 1929, die SPD sei eine durch und durch bürgerliche, eine „sozialfaschistische" Partei. Keinerlei Koalitionen, auch nicht in den Gemeinden, sollten die Kommunisten mit Sozialdemokraten eingehen, auch wenn das den Nationalsozialisten zugute käme. Eine ebenso rückhaltlose Kampfansage wurde gegen die sozialdemokratisch beherrschten Freien Gewerkschaften ausgesprochen.

Symbol der Drei Pfeile

Das Reichsbanner Schwarz-Rot-Gold, die Freien Gewerkschaften und die SPD schlossen sich im Dezember 1931 zu einer gemeinsamen Agitations- und Kampforganisation zusammen, der Eisernen Front. Mit gemeinsamen, wesentlich gefühlsbetonteren Versammlungen und Propagandamethoden wollten sie die von rechts und links geführten Angriffe auf die Demokratie abwehren. Vom Sommer 1932 an bediente sich die Eiserne Front des Symbols der Drei Pfeile, die den Kampf gegen Reaktion, Nationalsozialismus und Kommunismus symbolisierten. Solche Methoden konnten die Erosion der Sozialdemokratie nur verlangsamen, nicht verhindern.

Nach Brünings Sturz im Mai 1932 versuchte sein Nachfolger Papen noch stärker als Brüning, die Regierung vom Parlament und von den Parteien unabhängig zu machen. Eine Tolerierung Papens kam nicht mehr in Frage. Auflösungen des Reichstags und Neuwahlen im Juli und Nov. 1932 waren die Folge, wobei die NSDAP im Juli mit 37,4% ihr bestes Ergebnis während der Weimarer Republik erzielte.

Wahlsiege der NSDAP

Seinen Hauptschlag richtete Papen gegen das sozialdemokratisch regierte Land Preußen. Unter dem Vorwand, die preußische Regierung könne die staatliche Ordnung nicht mehr aufrechterhalten (eine Schießerei zwischen Kommunisten einerseits und Nationalsozialisten und Polizei andererseits in dem damals noch preußischen Altona war vorausgegangen), setzte Papen die preußische Regierung am 20. Juli 1932 kurzerhand ab.

Staatsstreich in Preußen

Dies war, wie man besonders in der Rückschau erkennt, ein Rechtsbruch. Spätestens jetzt hätte die Arbeiterschaft gegen die schleichende Aushöhlung der Demokratie Widerstand leisten müssen, etwa durch einen Generalstreik wie 1920 beim Kapp-Putsch. Aber die Umstände waren wesentlich anders. Die Arbeiterklasse war tief gespalten. An einem Kampf der KPD zugunsten einer SPD-Regierung war nicht zu denken. Wegen der Arbeitslosigkeit war die Furcht der Arbeiter vor Entlassung groß, die Streikbereitschaft eher gering. Anders als Kapp war Papen der legal vom Reichspräsidenten eingesetzte Regierungschef, deshalb hätten Beamtenschaft und Reichswehr ihm gehorcht.

Hilflosigkeit der Sozialdemokratie

Die SPD fühlte sich zu einem Kampfaufruf auch nicht recht legitimiert, denn sie hatte in Preußen zuletzt nur noch eine Minderheitsregierung stellen können. Sie fürchtete auch, die Papen-Regierung könnte die Reichstagswahlen aussetzen und so die Weimarer Verfassung gänzlich außer Kraft setzen. Die SPD vertraute in hohem Maße auf rechtsstaatliche Grundsätze und hoffte, daß ihre Klage beim Staatsgerichtshof in Leipzig Erfolg haben würde. Aus diesen Gründen unterblieb jeder aktive Widerstand von seiten der Arbeiterbewegung. Die SPD, das Reichsbanner, die Gewerkschaften, sie alle erwiesen sich als hilflos, als Demokratie und Rechtsstaatlichkeit unterhöhlt wurden. Die KPD war nicht willens, ihrerseits das geringste zur Rettung einer Demokratie zu tun, die sie grundsätzlich nicht anders einschätzte als eine offene faschistische Diktatur.

5. Die Arbeiterschaft im Dritten Reich

5.1 Unterwerfung und Zerschlagung der Arbeiterbewegung

Die Wahlergebnisse im Jahre 1932 waren die wichtigste Voraussetzung für Hitlers Ernennung zum Reichskanzler am 30. Januar 1933. SPD und KPD, die ihre Wählerschaft hauptsächlich in der Arbeiterschaft hatten, errangen in den Reichstagswahlen vom Juli und November 1932 zusammen noch 36 und 37% und sanken erst in der Märzwahl 1933 auf 30,6%. Dieser Verlust war unvergleichlich geringer als der der protestantischen, bürgerlichen Parteien. Andererseits gelang es der NSDAP 1933 immerhin, 32% der Arbeiter (mit Hausangestellten, aber ohne Landarbeiter) für sich zu gewinnen. 31% ihrer Mitglieder kamen 1933 aus Arbeitermilieu. Die traditionellen Wähler der katholischen Parteien hielten ihren Parteien deutlich fester die Treue, sogar die Angestellten waren in einem höheren Maße gegen den Nationalsozialismus immun als die Arbeiter.

Übergang von Arbeitern zur NSDAP

Auch diese Zahlen beweisen, wie brüchig die Arbeiterklasse am Ende der Weimarer Republik geworden war. Nicht nur die Spaltung der Arbeiterklasse in Sozialdemokraten und Kommunisten, sondern auch der Einbruch, den die NSDAP erzielt hatte, lähmte die Arbeiterschaft. An einen Generalstreik, gar an einen bewaffneten Kampf zur Verteidigung der Demokratie gegen SA, Polizei und Reichswehr war nach dem 30. Januar 1933 noch weniger zu denken als nach dem 20. Juli 1932. Zwar bestand bei vielen Arbeitern die Überzeugung, man könne nicht kampflos die Repubik aufgeben, und die teils spontanen, teils organisierten Arbeiterdemonstrationen waren von Kampfentschlossenheit geprägt, aber die meisten Führer der SPD haben einen Kampf nicht ernsthaft erwogen. Die Siegesaussichten waren zu gering.

Auch die KPD konnte sich unmittelbar nach dem 30. Januar nicht zu Aktionen entschließen. Auch sie unterschätzte das neue Regime, hielt sie es doch nur für eine etwas radikalere Variante kapitalistischer Herrschaft.

Stellung des Nationalsozialismus zur Arbeiterbewegung

Der Nationalsozialismus haßte die Arbeiterbewegung. Für Hitler war die Arbeiterbewegung eine Erfindung des Judentums, geschaffen, um das Volk zu spalten, um ihm in seinem Lebenskampf gegen äußere Feinde in den Rücken zu fallen und um mit Hilfe der Arbeitermassen die alten Eliten zu stürzen, damit das Judentum selbst die Herrschaft ergreifen könne. Deshalb müsse, so folgerte Hitler, der Marxismus zerschlagen und die Arbeiterschaft gewonnen werden. In der sogenannten

Kampfzeit hatte die NSDAP deshalb erhebliche Anstrengungen unternommen, um dies zu erreichen. Schon der Parteiname („Nationalsozialistische Deutsche Arbeiterpartei") diente diesem Ziel, ebenso der rote Untergrund der Hakenkreuzfahne. Die SA pflegte bewußt ein proletarisches Gehabe, und die Konfrontation vor allem mit der KPD sollte die Arbeiterschaft gewinnen. Diese Taktik war nicht völlig erfolglos geblieben.

„Tag der deutschen Arbeit"

Der spektakulärste Ausdruck der nationalsozialistischen Doppelstrategie gegenüber der Arbeiterschaft waren die Ereignisse des 1. und 2. Mai 1933. Der 1. Mai wurde als „Tag der deutschen Arbeit" zum Staatsfeiertag erklärt und mit großem Gepränge begangen. Die Arbeiter mußten zu den Veranstaltungen marschieren, auf denen die nationalsozialistischen Führer die Gemeinsamkeit aller Klassen und Stände im neuen Staat beschworen. Hitler sprach auf dem Tempelhofer Flugplatz in Berlin zu 1,2 Mill. Menschen, und die Veranstaltung wurde im Rundfunk reichsweit übertragen.

Zerschlagung der Gewerkschaften

Am folgenden Tag besetzte die SA die Gewerkschaftshäuser, verhaftete die Führer und beschlagnahmte die Kassen. Die Kontrolle der verbliebenen Einrichtungen übernahm die NSBO, die Nationalsozialistische Betriebszellen-Organisation, eine seit längerem bestehende, wenig erfolgreiche, gewerkschaftsähnliche NS-Organisation. Sie wurde wenig später in die Deutsche Arbeitsfront, die DAF, eingegliedert.

Terror

Die Verfolgung und Zerschlagung der Arbeiterorganisationen hatte jedoch schon unmittelbar nach dem 30. Januar 1933 begonnen. Viele Zeitungen und Versammlungen wurden verboten, Arbeiterführer und einfache Arbeiter verhaftet, viele wurden gefoltert, die Abgeordneten unter der Folter vielfach gezwungen, ihre Mandate niederzulegen, sozialdemokratische Gemeindeverwaltungen kurzerhand abgesetzt, Parteihäuser und -büros besetzt. Teilweise wurden ganze Straßenzüge und Stadtviertel, die von Arbeitern bewohnt waren, von der SA besetzt und alle Bewohner, einschließlich der Frauen, bis aufs Blut durchgeprügelt. Morde, begleitet von viehischen Bestialitäten, kamen überall vor. Aus den Sammellagern und Folterkellern der SA und der SS entwickelten sich die ersten Konzentrationslager.

Diese Verfolgungen vollzogen sich mit unterschiedlicher Brutalität, mit unterschiedlichen Methoden und zu verschiedenem Zeitpunkt. Mit voller Wucht brach die Verfolgung nach dem Brand des Reichstags am Abend des 27. Februar 1933 über die Kommunisten herein. Die Brandstiftung war vermutlich das Werk eines Einzelgängers, des holländischen Syndikalisten van der Lubbe. Entscheidend war, daß die

Nationalsozialisten sofort der KPD den Brand anlasteten. Schon wenige Stunden nach Ausbruch des Brandes wurden Tausende KPD-Funktionäre verhaftet. Am folgenden Tage erließ die Regierung die Notverordnung „zum Schutz von Volk und Staat", wie sie offiziell genannt wurde. Sie erlaubte „bis auf weiteres" willkürliche Verhaftungen, beseitigte die Presse-, Vereins- und Versammlungsfreiheit sowie das Briefgeheimnis und ermöglichte Hausdurchsuchungen und Beschlagnahme des Eigentums. Außerdem ließ sie die Beseitigung der Länderregierungen durch die Reichsregierung zu. Sie wurde für die ganze Dauer des Dritten Reiches die „Rechtsgrundlage", mit der das Regime seinen Verfolgungen den Schein der Legalität gab.

Verordnung „zum Schutz von Volk und Staat"

Die KPD war zwar an den Wahlen des März 1933 noch beteiligt, vermutlich aus dem Kalkül heraus, daß ihre Stimmen nicht der SPD zugute kommen sollten, aber die kommunistischen Abgeordneten konnten ihr Mandat nicht mehr wahrnehmen. Die SPD stand allein, als am 23. März in einer Atmosphäre massiven Terrors das Ermächtigungsgesetz beschlossen werden sollte, das die Reichsregierung bevollmächtigte, vier Jahre lang Gesetze ohne Beteiligung des Reichstags und des Reichsrats zu erlassen. Die Ablehnung des Ermächtigungsgesetzes durch die SPD wurde vom Abgeordneten Wels in einer relativ entgegenkommenden Rede begründet. Die SPD hoffte, daß ein gemäßigter Ton die bürgerliche Presse zu ausführlicherer Berichterstattung veranlassen würde.

Ermächtigungsgesetz

Es fehlte nicht an Versuchen von Teilen der Arbeiterbewegung, durch ein gewisses Entgegenkommen gegenüber dem Regime die eigene Organisation zu retten. So hatten die Freien Gewerkschaften vor dem 2. Mai 1933 ihre Bereitschaft signalisiert, ihre Bindung an die SPD aufzugeben und an der Schaffung einer großen, nationalen Einheitsgewerkschaft mitzuwirken. Auch von der Reichstagsfraktion der SPD gab es am 17. Mai Zustimmung zu einer sich betont friedliebend gebenden außenpolitischen Rede Hitlers. Aber schon vorher hatte der Parteivorstand beschlossen, daß die hauptamtlichen Mitglieder ins Ausland emigrieren sollten. Auch das Barvermögen brachte die Partei in Sicherheit, ebenso einen großen Teil des Parteiarchivs. Am 21. Juni wurde der Partei die Betätigung untersagt, am 14. Juli wurde sie verboten.

Verbot der SPD

5.2 Widerstand

Die Arbeiterbewegung war prinzipiell bereit, in der Illegalität weiterzukämpfen, hatte sie doch auch während des Sozialistengesetzes die Organisationen bewahren und den Kampf für die Rechte der Arbeiter fortsetzen können. Die KPD glaubte sogar, wesentlich besser als 1878 auf die Illegalität vorbereit zu sein. Massenverhaftungen, z. T. wurde bis zur Hälfte der KP-Mitglieder verhaftet, und Folterungen, diese sogar in den eigenen Wohnquartieren und Wohnungen, verbreiteten jedoch lähmendes Entsetzen. Aus der Illegalität heraus nach der Macht zu greifen, wie es die KPD vorhatte, erwies sich schon nach kurzer Zeit als illusorisch. Es war nahezu unmöglich, die Partei- oder Gewerkschaftsmitglieder mit Zeitungen zu versorgen und Beiträge zu kassieren, um auf diese Weise die Präsenz der Organisation aufrechtzuhalten. Immerhin kassierte die KPD 1933/34 noch von einem Zehntel der Mitglieder von 1932 Beitrag, und etwa ein Viertel ihrer Mitglieder betätigte sich illegal. Regelmäßige Verteilungen von einigen hundert Druckschriften konnten an manchen Orten für wenige Monate aufrechterhalten werden. Aber ab 1935/36 brach diese Form der illegalen Arbeit weitgehend zusammen. Die Recherchen der Gestapo, die Denunziationen einer in hohem Maße nationalsozialistisch gesonnenen Bevölkerung und die Folter ließen das Netz größerer Organisationen zerreißen. Der bewunderungswürdige Wage- und Opfermut der KP-Mitglieder, aber auch der SPD- und Gewerkschaftsmitglieder, führte zu keiner sichtbaren Schwächung des Regimes. Die kontinuierliche Übermittlung von Nachrichten an die im Exil befindlichen Führungen der deutschen Arbeiterbewegung, wie sie sich z. B. in den „Deutschland-Berichten" der Exil-SPD, der Sopade, niedergeschlagen haben, trugen zwar dazu bei, dem Ausland die Augen über das NS-Regime zu öffnen, konnten aber die Verhältnisse in Deutschland nicht beeinflussen. Der Krieg verschlechterte noch einmal die Möglichkeiten des Arbeiterwiderstandes.

Arbeiterwiderstand

Vielerorts blieben aber lose Gruppen bestehen, die zwar keinerlei illegale Arbeit leisteten, aber das Bewußtsein ihrer Zusammengehörigkeit als ehemalige Mitglieder der Arbeiterbewegung erhielten und sich gegen die nationalsozialistische Propaganda immunisierten. Solche „Peripheriegruppen" haben die Tradition der Arbeiterbewegung vermutlich wirkungsvoller weitergetragen als die aktiv illegalen Gruppen.

Bewahren des Zusammenhalts

Geleistet werden konnte auf die Dauer wenig mehr, als untereinander Kontakt zu halten und die Bereitschaft, im Falle eines Umsturzes die alten Verbände wieder aufzubauen. Es bestanden Keimzellen potentieller Arbeiterorganisationen. Sie umfaßten einen Betrieb oder einen Ort, und ausnahmsweise konnten sich Verbindungen über das ganze Reich erstrecken. Wilhelm Leuschner arbeitete sogar erfolgreich daran, die Grundlage für eine Einheitsgewerkschaft herzustellen. Als die Alliierten 1945 Deutschland besetzten, konnten sie vielfach auf die Arbeiterorganisationen zurückgreifen, die mit dem Einmarsch wieder ins Leben traten, manchmal ihren Ort kampflos übergaben oder in letzter Minute die Zerstörung ihres Werkes oder ihrer Zeche verhinderten.

In den letzten Kriegsjahren entstanden im Rheinland, an der Ruhr und auch in Hamburg lockere Gruppen von Jugendlichen, die sich in Opposition zum Staat und besonders zur Hitler-Jugend fühlten. Junge Arbeiter waren in diesen Gruppen stark vertreten. Sie sangen Lieder mit oppositionellen Texten, prügelten sich mit der Hitler-Jugend, gingen auf Fahrt, obwohl das außerhalb der HJ und im Krieg generell verboten war, und trugen als Zeichen ihrer Zusammengehörigkeit weiße Kniestrümpfe und ein Edelweißzeichen. Sie nannten sich deswegen Edelweißpiraten. Sie leisteten zwar nicht planmäßigen Widerstand, waren aber ein Beweis dafür, daß der Nationalsozialismus wenigstens in den letzten Kriegsjahren keine Sympathie bei der Arbeiterjugend genoß.

Edelweißpiraten

5.3 Soziale Lage

Unmittelbar nach der Machtergreifung stand das Regime vor allem vor der Aufgabe, die Arbeitslosigkeit zu beseitigen. Mit großem propagandistischen Begleitaufwand wurden Maßnahmen zur Arbeitsbeschaffung durchgeführt. Die Trockenlegung von Mooren gehörte etwa typischerweise dazu. Organisiert wurden solche Arbeiten häufig durch den Arbeitsdienst, den ab Juni 1935 Jungen und Mädchen sechs Monate abzuleisten hatten. Der Arbeitsdienst wurde schlecht bezahlt und die Arbeit absichtlich in primitiver, personalaufwendiger Technik durchgeführt. Obgleich die Angehörigen des Arbeitsdienstes Arbeit in ihrem erlernten oder angestrebten Beruf suchten, wurden sie in der Arbeitslosenstatistik nicht mehr geführt. Da auch vorübergehend Beschäftigungslose nicht mehr als arbeitslos gezählt wurden, war ein kräftiges Sinken der nominellen Arbeitslosenzahlen zu konstatieren. Auch die Einführung der einjährigen (ab März 1935) und der zweijährigen Wehrpflicht (ab August 1936) senkte die Arbeitslosenzahlen. Erst allmählich machte sich der Bau der Autobahnen auf dem Arbeitsmarkt bemerkbar, und noch langsamer wirkte die Aufrüstung, weil die Planungen längere Zeit in Anspruch nahmen. Ab 1936 wurde Vollbeschäftigung erreicht. Der zunächst nur propagandistisch behauptete, dann tatsächlich vollzogene Abbau der Arbeitslosigkeit war in den Augen der Arbeiter eine der Hauptleistungen des Regimes.

Allmähliche Überwindung der Arbeitslosigkeit

Die Löhne wurden im Dritten Reich durch sogenannte „Treuhänder der Arbeit“ festgesetzt. Das „Gesetz zur Ordnung der nationalen

„Treuhänder der Arbeit“

Arbeit" vom 20. Jan. 1934, das die Befugnisse der „Treuhänder der Arbeit" regelte, stärkte im übrigen auch die Stellung der Betriebsführer, wie die Unternehmer fortan hießen, gegenüber der Belegschaft.

Das Regime war bestrebt, Löhne und Preise unverändert zu lassen, aber das gelang nur teilweise. In dem Maße, wie Arbeitskräfte, vor allem Facharbeiter, knapp wurden, und das war in einzelnen, rüstungswichtigen Bereichen schon ab 1934 der Fall, gingen die Betriebe dazu über, sich Arbeiter mit Sondervergütungen abzuwerben. Durch Wechsel des Arbeitsplatzes konnten die Arbeiter höhere Löhne erzielen. Auch Überstundenzuschläge erhöhten das Einkommen. Andererseits gab es eine Reihe von Abzügen außergesetzlicher, aber schwer zu umgehender Art wie die Spenden für die DAF und das Winterhilfswerk.

Lohn- und Preisentwicklung

Die Preise blieben nicht stabil. Da ein Großteil der Produktion der Rüstung diente, fehlte es der Kaufkraft an käuflichen Produkten. Warenmangel machte sich bemerkbar. Die Qualität der Produkte sank. Bei nominell unveränderten Preisen verschleierten solche Senkungen der Qualität faktische Preiserhöhungen. Der Sicherheitsdienst der SS schätzte 1938 z. B. die Preiserhöhungen bei Textilien auf 35% gegenüber 1931. Der Lebensstandard der Bevölkerung entsprach vor Kriegsbeginn etwa dem der wirtschaftlich guten Jahre der Weimarer Republik.

Die Arbeiter in der NS-Propaganda

Das Regime hatte die Arbeiter zwar entrechtet und verfolgte jede oppositionelle Regung, es versuchte aber gleichzeitig, die Arbeiterschaft innerlich zu gewinnen. Die Propaganda verfehlte nie, vom Adel der Arbeit zu sprechen, die Volksgemeinschaft zu beschwören und jede Art von Dünkel schärfstens zu kritisieren. Arbeiter, Bauern und Soldaten galten gleicherweise als Repräsentanten des Volksganzen und wurden entsprechend in Literatur und bildender Kunst gefeiert. Der 1. Mai blieb Staatsfeiertag. Er wurde zwar nicht mehr mit dem Aufwand wie 1933 begangen, aber dafür nahm der Berufswettkampf der Lehrlinge einen immer bedeutenderen Platz im jährlichen Propagandazyklus des Dritten Reiches ein, und die Größen von Partei und Staat ließen es sich angelegen sein, die Sieger zu ehren.

„Kraft durch Freude"

Das eindrucksvollste Zeugnis für das Bemühen, die Arbeiterschaft zu gewinnen, war die Organisation „Kraft durch Freude", KdF. Sie war eine Unterorganisation der Deutschen Arbeitsfront und übernahm die kulturellen Aktivitäten der Arbeiterbewegung, organisierte also Theaterbesuche, Sportwettkämpfe, Liederabende und Wanderungen. Am wichtigsten war ihre Tätigkeit als Reiseunternehmen. Mit großem propagandistischen Aufwand wurden Fahrten zu Ferienzielen organisiert. Am spektakulärsten waren die Seereisen nach Madeira und an die norwegische Küste auf eigenen KdF-Schiffen. Solche Aktivitäten wurden ergänzt durch den Bau eines KdF-Seebades auf Rügen und durch die Planung eines KdF-Personenwagens, des späteren Volkswagens. Nach der amtlichen Statistik nahmen im letzten Friedensjahr 10,3 Mill. Menschen an den KdF-Urlaubsreisen teil.

5.4 Die Einstellung zum NS-Regime

Es ist dem Regime im großen und ganzen nicht gelungen, die Arbeiterschaft für sich zu gewinnen. Die Berichte der Gestapo sprechen häufig von massiver Unzufriedenheit in der Arbeiterschaft, die allerdings vor allem wirtschaftlich motiviert war. Die Deutschland-Berichte der Exil-SPD bestätigen diesen Sachverhalt. Der Nationalsozialismus, so heißt es z. B., habe die Betriebe nicht erobert. Das Ansehen der nationalsozialistischen Betriebsräte sei zurückgegangen, das der ehemaligen Gewerkschaften gestiegen. Aber die Bereitschaft zum Widerstand sei geschwunden. „Die Nationalsozialisten haben das Selbstvertrauen der Arbeiterschaft zerstört; die Kräfte der Solidarität verschüttet und ihren Willen zum Widerstand gelähmt", erklärte ein Berichterstatter im Januar 1935 [32: Deutschland-Berichte, Bd. 2, 137; Bd. 5, 452 f.].

Schwindende Widerstandsbereitschaft

Mehr als alles andere wirkte sich offenbar die Vollbeschäftigung zugunsten des Regimes aus. Dabei spielte es für die Arbeiter offenbar keine Rolle, wenn sie in der Rüstungsindustrie an der Kriegsvorbereitung teilnahmen. Die fortdauernde Propaganda vom Adel der Arbeit, die KdF-Reisen, Erfolge wie die Angliederung des Saarlandes 1935, die Olympiade 1936, der Anschluß Österreichs im März und das Münchener Abkommen im September 1938 und schließlich noch der siegreiche Abschluß des Frankreich-Feldzugs im Juni 1940 beeindruckten die Arbeiter stark. Die Zustimmung zum Nationalsozialismus war in den Jahren von 1935/36 bis 1941 offenbar am größten.

Erfolge des NS-Systems

Auf die Arbeiterschaft mag schließlich gewirkt haben, daß andere Teile der Bevölkerung ebenso entrechtet waren wie die Arbeiter. Z. B. war der wirtschaftliche Freiraum der Unternehmer eingeengt. Staatlich subventionierte Unternehmen traten zu ihnen in Konkurrenz (Hermann-Göring-Werke, Werk des KdF-Wagens). Auch die preußische Aristokratie war dem Staatsapparat unterworfen. In dem Durcheinander und Gegeneinander der verschiedenen nationalsozialistischen Dienststellen und Organisationen konnten auch immer wieder einmal Interessen der Arbeiterschaft von der DAF geltend gemacht werden, z. B. gegen die Treuhänder der Arbeit, wobei sich die Arbeiter allerdings bewußt waren, daß die DAF nicht „ihre" Organisation war.

Weniger durch Leistungen und Propaganda, sondern mehr durch die Unterwerfung der Gesamtgesellschaft ebnete der Nationalsozialismus die Klassenstrukturen ein.

5.5 *Die Arbeiterschaft im Zweiten Weltkrieg*

Die Versorgung der deutschen Bevölkerung mit Lebensmitteln war im Zweiten Weltkrieg durch die rücksichtslose Ausbeutung der besetzten Gebiete wesentlich besser als im Ersten Weltkrieg, und die brutale Unterdrückung jeglicher oppositionellen Regung ließ es nicht zu Hungerdemonstrationen und Streiks kommen. Es gab auch ein starkes Gefühl, daß die Lasten des Krieges relativ gleich verteilt waren.

Und die Belastungen waren wesentlich höher als im Ersten Weltkrieg. Die Verluste an der Front waren mit 4 Mill. Toten der Wehrmacht mehr als doppelt so hoch. Hinzu kam der Bombenkrieg, der die Großstädte in Schutt und Asche legte. Seine Opfer werden auf etwa 400000 Menschen geschätzt. Bei Flucht und Vertreibung und in den deutschen Ostgebieten selbst kamen etwa 1,6 Mill. Menschen ums Leben. Erheblich waren die nervlichen Belastungen, die tägliche und nächtliche Angst um die eigene Sicherheit und die der Angehörigen. Dies war von allen gesellschaftlichen Schichten gleichermaßen zu tragen. Ob man uk (=unabkömmlich) gestellt war oder eingezogen wurde, ob man in einem bombengefährdeten Ort lebte oder nicht, ob man mit Hilfe Verwandter vom Lande seine Versorgung verbessern konnte oder nicht, ob man bei Kriegsende aus dem Osten flüchten mußte oder nicht, solche und ähnliche Momente waren ungleich wichtiger für das persönliche Leben und Überleben als die Zugehörigkeit zur Arbeiterschaft.

Zugehörigkeit zur Arbeiterschaft irrelevant für die Belastung durch den Krieg

So schlecht und gefährdet die Menschen in Deutschland auch lebten, so waren sie sich doch deutlich bewußt, daß es unter ihnen noch weit schlechter gestellte gab, nämlich die ausländischen Arbeitskräfte. Es gab im Herbst 1944 7,7 Mill. Kriegsgefangene und ausländische Zivilarbeiter in Deutschland. Sie wurden sehr unterschiedlich behandelt, am besten die Zivilarbeiter aus germanisch-sprachigen Ländern, am schlechtesten die russischen Kriegsgefangenen. Alle Deutschen waren den Kriegsgefangenen übergeordnet. Soweit diese von deutscher Seite gelegentlich Hilfe erfuhren, geschah das aus Mitleid, fast nie aus Klassensolidarität.

Kriegsgefangene und ausländische Zivilarbeiter

Das NS-Regime unterdrückte jede Diskussion über Ziel und Sinn des Krieges. Er wurde bis zur endgültigen Niederlage ausgefochten. In der allgemeinen Not rückten nach Kriegsende fast alle einstigen Anhänger und Träger des Regimes von den Zielen und Methoden des Nationalsozialismus ab. Anders als nach dem Ersten Weltkrieg gab es deshalb nach dem Zweiten Weltkrieg keine erbitterten inneren Auseinandersetzungen. Die Bevölkerung war sich zunächst einig, gemeinsam Opfer einer ungeheuren Katastrophe geworden zu sein. Eine vertiefte Diskussion über die eigene Schuld und Mitschuld wurde zwar zunächst kaum geführt, aber alle gesellschaftlichen Gruppen begannen, die Widerstandskämpfer aus ihren Reihen zu ehren.

Gemeinsames Empfinden, Opfer einer Katastrophe zu sein

6. Die Arbeiterschaft in der Bundesrepublik

6.1 Die Wiederentstehung der Arbeiterorganisationen

Die Lebenskraft der Arbeiterbewegung zeigte sich eindrucksvoll in der Schnelligkeit, mit der die Arbeiterorganisationen nach dem Zusammenbruch des Dritten Reiches wiedererstanden. Wenige Tage nach dem Einmarsch der Alliierten trafen sich die alten Partei- und Gewerkschaftsführer und gründeten ihre Organisationen neu. Legendären Ruf hat z. B. das Treffen, auf dem Kurt Schumacher mit weiteren Sozialdemokraten am 19. April 1945 in Hannover die Neugründung der SPD beschloß. Die offizielle Gründungsversammlung erfolgte hier am 6. Mai, keinen Monat nach der Besetzung Hannovers, lange bevor die Alliierten politische Parteien offiziell zuließen (in der sowjetischen Zone am 11. Juni, in der amerikanischen am 13. August, in der britischen am 15. September 1945). So gab es zunächst zwar allenthalben örtliche Parteigruppen, aber noch keine einheitlichen Parteien. Neben Programmen fehlten einheitliche Parteiführungen.

Wiedererstehen der SPD

Drei Zentren beanspruchten eine führende Stellung in der SPD: der „Zentralausschuß" in Berlin unter Leitung von Otto Grotewohl, die Hannoversche Zentrale unter Kurt Schumacher und die noch 1933 gewählte Leitung der Exil-SPD in London. Entscheidend war für die Westzonen, daß sich die Exil-SPD der Hannoverschen Zentrale anschloß. Wichtig war schließlich, daß sich die Westberliner SPD dem Kurs des Zentralausschusses zu einer Verschmelzung mit der KPD versagte. In einer Urabstimmung im März 1946 verneinten 82% der Parteimitglieder in den drei Westsektoren die Frage „Bist Du für den sofortigen Zusammenschluß der beiden Arbeiterparteien?". Im Ostsektor war diese Urabstimmung genauso verboten worden wie in der Sowjetzone.

Drei Zentren der SPD-Führung

Die Sozialdemokraten aus den drei Westzonen und Berlin trafen sich am 9. Mai 1946 in Hannover zu ihrem ersten Parteitag nach dem

Parteitag in Hannover

Krieg. Kurt Schumacher wurde einstimmig zum Parteivorsitzenden gewählt, gemeinsame „Forderungen und Ziele" wurden verabschiedet. Die SPD hatte zu diesem Zeitpunkt 633244 Mitglieder, 18% mehr als 1931 auf diesem Gebiet, und mit 8000 Ortsvereinen 300 mehr als 1931.

Gewerkschaftliche Zusammenschlüsse auf betrieblicher und örtlicher Ebene erfolgten ebenfalls unmittelbar mit dem Einmarsch der Alliierten. Einig war man sich, daß für Richtungsgewerkschaften (sozialdemokratische, kommunistische, christliche und liberale) kein Raum mehr bestand. Meinungsverschiedenheiten der deutschen Gewerkschafter untereinander, eine hinhaltende Politik der westlichen Besatzungsmächte, vor allem aber das Bestreben, eine gesamtdeutsche Gewerkschaftsgründung nicht zu erschweren, ließen es zunächst jedoch zu keinem gemeinsamen Dachverband der drei Westzonen kommen. Die Spaltung Deutschlands auch auf gewerkschaftlicher Ebene war aber schließlich offenkundig. Im Oktober 1949 wurde in München der DGB, der „Deutsche Gewerkschaftsbund", gegründet, und zwar als Dachverband von 16 autonomen Einzelgewerkschaften. Die „Deutsche Angestelltengewerkschaft", die DAG, zu integrieren mißlang. Zu diesem Zeitpunkt zählte der DGB 4,1 Mill. Mitglieder, davon knapp 84% Arbeiter.

Gründung des DGB

6.2 Alte und neue Ziele der Arbeiterbewegung

Die Bewältigung der elementaren Lebensaufgaben nahm die Arbeiterschaft und ebenso die Gewerkschaften und die SPD nach dem Zusammenbruch fast völlig in Anspruch. Die Beschaffung von Lebensmitteln und Heizmaterial, die Linderung der Wohnungsnot waren vordringlich. Was hier geleistet wurde, weitgehend ohne staatlichen Verwaltungsapparat, nahezu ohne funktionierende Geldwirtschaft, von den Besatzungsmächten oft mehr behindert als gefördert, war bewundernswert. Auf betrieblicher Ebene bemühten sich die Arbeiter und Arbeiterorganisationen vor allem, die Schäden auszubessern und Rohstoffe zu beschaffen, um so die Produktion allmählich wieder in Gang zu bringen. Oft genug geschah dies aus eigener Initiative und Verantwortung, weil die Eigentümer tot, inhaftiert oder in Gefangenschaft waren. Manche Betriebe waren auch quasi herrenlos wie z. B. die NS-Gründungen in Wolfsburg und Salzgitter. Noch viele Jahre später waren diese Leistungen von einem fast mythischen Glanz umgeben. Hungerdemonstrationen, Streiks, im Kampf gegen die Demontage auch Werksbesetzungen waren weitere Mittel, um die Lebensgrundlage zu sichern. Adressat

Örtliche Aufbauleistungen

solcher Demonstrationen war weitgehend die öffentliche Meinung bei den westlichen Siegermächten.

In alter Tradition und noch bestärkt durch die Erfahrungen mit dem Dritten Reich und der Sowjetzone stellten sich Gewerkschaften und SPD nachdrücklich auf den Boden einer kämpferischen Demokratie. Freiheit und Toleranz wurden für unabdingbar erklärt. Daneben forderte die SPD 1946 auf ihrem Gründungskongreß die Sozialisierung „aller Betriebe des Bergbaus, der Eisen- und Stahlerzeugung und -bearbeitung bis zum Halbzeug, des größten Teils der chemischen Industrie und der synthetischen Industrien, der Großbetriebe überhaupt, jeder Form der Versorgungswirtschaft und aller Teile der verarbeitenden Industrie, die zur Großunternehmung drängen". „Planmäßige Lenkung und gemeinwirtschaftliche Gestaltung" sollten die „sozialistische Wirtschaft" kennzeichnen [38: FLECHTHEIM, Dokumente, Bd. 3, 17 ff.]. Andere politische Kräfte teilten in hohem Maße diese Auffassung. Auch das Ahlener Programm der CDU aus der britischen Zone (Februar 1947) forderte die Vergesellschaftung des Kohlebergbaus und der „eisenschaffenden Großindustrie" [38: FLECHTHEIM, Dokumente, Bd. 2, 53 ff.].

Ziele der westdeutschen Arbeiterbewegung

Die sozialdemokratischen Vorstellungen waren jedoch wenig präzise. Unklar war z. B., welche Industrien im einzelnen sozialisiert werden sollten, unklar war auch, ob Belegschaften, Gewerkschaften, Kommunen oder der Staat Eigentümer werden sollten und ob man zwischen Eigentum und Verfügungsrechten unterscheiden solle. Die Diskussion konzentrierte sich schließlich auf die Verstaatlichung des Kohlenbergbaus in Nordrhein-Westfalen. Das Sozialisierungsgesetz, das die SPD nach langem Ringen mit den Stimmen der KPD und des Zentrums im August 1948 verabschiedete, stieß jedoch auf ein britisches Veto.

Scheitern einer Sozialisierung

Als erstes von den Alliierten eingesetztes Parlament der drei Westzonen fungierte der Wirtschaftsrat, der sich im Juni 1947 konstituierte. Die SPD war hier in der Minderheit und hatte deshalb keinen Einfluß auf die Wirtschaftspolitik in Westdeutschland, die Ludwig Erhard als energischer Wirtschaftsdirektor in neoliberalem Sinne betrieb. Im Juni 1948 wurden das Bewirtschaftungsgesetz und der Preisstopp gelockert sowie die Währungsreform durchgeführt, durchaus gegen den Willen der SPD. Es gab zwar nach der Währungsreform schlagartig wieder Waren in großer Fülle, aber nur wenige hatten genug Geld, um sie zu kaufen.

Währungsreform

Die Währungsreform hatte nur die Eigentümer von Geldvermögen getroffen, nicht die Besitzer von Sachwerten. In der Folge opponierte die SPD gegen die neoliberale Wirtschaftspolitik weniger mit dem Argument, sie könne nicht funktionieren, sondern zunehmend mit dem Hinweis auf die entstehenden Ungerechtigkeiten durch Bevorzugung der Unternehmer und Benachteiligung der Arbeitnehmer.

Auch bei den Wahlen zum Ersten deutschen Bundestag im August 1949 errang die SPD keine Mehrheit. Sie wäre nicht imstande gewesen, die Absicht der Bundestagsmehrheit zu durchkreuzen, welche die Mitbestimmung in der Montanindustrie beseitigen wollte. Diese war von den englischen Militärbehörden geschaffen worden und beinhaltete, daß die Arbeitnehmer fünf Mitglieder des Aufsichtsrates gegenüber fünf von Arbeitgeberseite stellten (bei einem neutralen elften Mann). Hinzu kam ein gleichberechtigtes Vorstandsmitglied als Arbeitsdirektor. Bundeskanzler Adenauer wich jedoch vor der energischen Intervention der Gewerkschaften und ihrer nachdrücklichen Streikdrohung zurück, so daß diese Mitbestimmungsrechte im Montanbereich bestehen blieben.

Montanmitbestimmung

Diese paritätische Mitbestimmung auf andere Wirtschaftsbranchen auszudehnen, gelang den Gewerkschaften jedoch nicht. Nach dem Betriebsverfassungsgesetz von 1952 nahmen die Arbeitnehmer nur ein Drittel der Sitze im Aufsichtsrat von Aktiengesellschaften ein. Die Gewerkschaften konnten sich in diesem Fall nicht zu Kampfmaßnahmen entschließen, sondern unterwarfen sich dem Votum des Bundestages.

Betriebsverfassungsgesetz

Auch in anderen grundlegenden Fragen hatte die SPD keinen Erfolg. Zunächst befürwortete sie einen außenpolitischen Kurs, der die Mitte zwischen Ost und West halten sollte, um auf diese Weise die Wiedervereinigung Deutschlands zu erleichtern. Aber sie konnte die Westintegration der Bundesrepublik durch Montanunion und NATO ebensowenig verhindern wie eine Wiederbewaffnung. Nur wenige Teilerfolge waren ihr beschieden, z. B. der Verzicht der Bundesrepublik auf eigene Atomwaffen.

Westintegration

6.3 Die Herausbildung der Wohlstandsgesellschaft

Die ausbleibenden oder nur teilweisen Erfolge der SPD und der Gewerkschaften führten nicht zu einer Erbitterung der Arbeiterschaft und einer Abkapselung und feindlichen Haltung dem neuen Staatswesen gegenüber, weil sich zunächst langsam, dann schneller der Lebensstandard hob. Die Währungsreform und die Aufhebung der Preisbindung hatten die Regale gefüllt. Der schwarze Markt verschwand schlagartig. Freilich empfanden zunächst viele die neuen Verhältnisse besonders bitter, weil sich nun erst herausstellte, wie wenig ihr Lohn und ihre Unterstützungen wert waren, und dies erschien um so ungerechter, als die Eigentümer von Sachwerten ungeschoren die Währungsreform überstanden hatten. Es wurden einige Zeit nach den Preisen jedoch auch die Löhne freigegeben, die ebenso wie die Unterstützungssätze allmählich schneller als die Preise stiegen. Die Arbeitslosigkeit, die nach dem Krieg wegen der zerstörten Produktionsstätten und der Millionen Flüchtlinge und Vertriebenen besonders hoch gewesen war, ging zurück und wurde seit Ende der 1950er Jahre von einer etwa zwanzig Jahre währenden Vollbeschäftigung abgelöst.

Vollbeschäftigung und Lohnsteigerungen

Sie war die wichtigste Voraussetzung für die Lohnsteigerungen der folgenden Jahrzehnte. Von 1950 bis 1990 stieg der Brutto-Stundenlohn der Industriearbeiter (alte Bundesländer) von 1,42 DM auf 21,17 DM, der -arbeiterinnen von 0,86 DM auf 15,49 DM. Der Reallohnindex stieg im gleichen Zeitraum von 100 auf 390.

Es gelang den Gewerkschaften, die Löhne ungefähr parallel mit den Produktivitätssteigerungen wachsen zu lassen. Um dies durchzusetzen, mußte gelegentlich auch gestreikt werden, so im Frühjahr 1963 in Baden-Württemberg. Im ganzen war in der Bundesrepublik die Streikhäufigkeit jedoch außerordentlich niedrig. Beide Seiten sahen in kontinuierlicher Arbeit größere Vorteile als in Arbeitsniederlegungen und fanden deshalb in den Tarifverhandlungen relativ leicht verläßliche Kompromisse.

Gastarbeiter

Die Vollbeschäftigung ermöglichte nicht nur die Integration der Flüchtlinge, die bis zum Mauerbau 1961 aus der DDR in die Bundesrepublik kamen, sondern zog seit den 1950er Jahren in zunehmendem Maße ausländische Arbeitskräfte nach Deutschland. Zuerst wurden Italiener angeworben, dann in hohem Maße auch Griechen, Spanier und Jugoslawen, seit Mitte der 70er Jahre stellen die Türken die stärkste Volksgruppe.

Herausbildung der Wohlstandsgesellschaft

Seit der 2. Hälfte der 1950er Jahre war die Arbeiterschaft mit dem Lebensnotwendigen versorgt. In den folgenden Jahren wurde auch das, was bis dahin für Luxus gehalten wurde, für ihre Familien erschwinglich. Die Arbeiterfrauen und -töchter begannen, sich schicke, mit der Mode wechselnde Kleidung zu kaufen. Die Familien zogen in größere, leichter zu pflegende und zu heizende Wohnungen. Blitzende Küchen und mit Polstermöbeln ausgestattete Wohnzimmer wurden allmählich selbstverständlich. In den Haushalten erschienen Kühlschränke und Staubsauger, Wasch- und Nähmaschinen, Plattenspieler und Fernseher. In wachsendem Maße fuhren die Arbeiter zunächst mit Motorrollern, dann mit Kleinwagen zur Arbeit. Wo, wie in ländlichen Gegenden, die Bodenpreise erschwinglich waren, wurden auch Grundstücke erworben und mit nachbarschaftlicher und kollegialer Hilfe Einfamilienhäuser gebaut. Während 1950 nur 6% der Arbeiter Grundbesitz hatten, waren es 1977 39%. Die Arbeiter der Vergangenheit hatten nach der Familiengründung nur „von der Hand in den Mund" leben können, 1962/63 konnten die Arbeiter jedoch 6,4% ihres Einkommens sparen, 1969 sogar 11,1%. Die 4-Personen-Arbeitnehmerhaushalte mit mittlerem Einkommen besaßen 1990 zu 97% einen Pkw, zu 98% Telefon, zu 100% Staubsauger, zu 97% einen Waschvollautomaten, zu 37% eine Stereo-Anlage.

Gleichzeitig verkürzten sich die Arbeitszeiten. Von 1955 bis 1988 sank die Wochenarbeitszeit von 48 auf 39 Stunden, der Jahresurlaub stieg von 13 Arbeitstagen auf 30.

Die Urlaubszeiten und die steigenden Löhne erlaubten den Arbeitern mehrwöchige Ferienreisen, die in wachsendem Maße auch ins Ausland führten. Was zur Zeit der KdF-Reisen eine propagandistisch weidlich ausgeschlachtete (und in den Zielgebieten sehr eingeschränkte) Ausnahme für wenige gewesen war, wurde nun für die meisten eine Selbstverständlichkeit.

Die soziale Sicherheit erhöhte sich beträchtlich. Bis 1957 stand Arbeitern in den ersten sechs Wochen einer Krankheit nur 50% des Lohnes zu. 1957 wurde dieser Satz auf 90% angehoben, und seit 1961 besteht die hundertprozentige Lohnfortzahlung im Krankheitsfall. Nach Ablauf der Sechs-Wochen-Frist wird (seit 1961) Krankengeld gezahlt, das einschließlich der Familienzuschläge bis 85% des Bruttoarbeitslohnes beträgt. Es kann von Alters- oder Invaliditätsrente abgelöst werden. Das Arbeitslosengeld wurde 1975 auf 68%, die Arbeitslosenhilfe auf 58% des letzten Nettoarbeitslohnes festgesetzt. Dazu kam Kindergeld. Noch wichtiger war für die meisten Arbeiter 1957 die Dynamisierung der Altersrente, d. h. ihre Angleichung an die Entwicklung des Bruttolohnes. Etwa von 1970 an hatten die Rentner im allgemeinen keine Beeinträchtigung ihres Lebensstandards mehr zu befürchten.

Sozialgesetze

Diese allgemeine Verbesserung der Lebenshaltung war „spektakulär, umfassend und sozialgeschichtlich revolutionär" [398: Mooser (in Conze/Lepsius (Hrsg.), Sozialgeschichte), 162]. Ihre tiefere Ursache lag darin, daß die Industrialisierung in eine zweite Phase eintrat. Die erste war dadurch gekennzeichnet gewesen, daß die industriell gefertigten Güter vor allem dem Aufbau neuer Produktionsstätten und der Infrastruktur dienten. Erst in zweiter Linie wurden sie für den Konsum der Oberschichten verwendet, und nur in geringem Maße kamen sie den Unterschichten zugute. In der zweiten Phase des Industriezeitalters werden Güter und Dienstleistungen offensichtlich in solcher Fülle erzeugt, daß alle Mitglieder der Gesellschaft in einem Maße versorgt

Eine neue Phase der Industriegesellschaft

werden können, wie es in der Menschheitsgeschichte bisher nicht vorstellbar gewesen ist.

6.4 Die Lösung vom Marxismus

Unter diesen Umständen konnte es nicht ausbleiben, daß die Arbeiterschaft den Kampf für eine andere gesellschaftliche Ordnung einstellte. Nach der Niederlage von 1949 hatte die SPD keine reale Chance mehr, eine irgendwie geartete Sozialisierung durchzusetzen, und sie wollte es auch nicht mehr ernsthaft. Dies veranlaßte die Arbeiter keineswegs, den Weg zur radikaleren KPD einzuschlagen. Im Gegenteil: ihr Stimmenanteil bei den nordrhein-westfälischen Landtagswahlen sank von 1947 bis 1950 von 14 auf 5,5%. Als die KPD im August 1956 verboten wurde, hatte sie längst alle politische Bedeutung verloren.

KPD-Verbot in Westdeutschland

Das Klassenbewußtsein der Arbeiter schwand. Schon Anfang der 50er Jahre war der Arbeiterjugend ein Begriff wie „Proletariat" unverständlich geworden. Ihr Lebensgefühl unterschied sich nur noch graduell von dem der bürgerlichen Jugend. Im Juli 1955 stimmten 60% der Arbeiter der Aussage zu: „Der Lebensstandard im Bundesgebiet hat sich seit der Währungsreform ständig verbessert. Was wir brauchen, ist auch weiterhin Zusammenarbeit aller Berufsgruppen und Bevölkerungskreise." Nur 24% der Arbeiter entschieden sich für: „Die soziale Lage der Arbeiterklasse läßt sich nicht durch Verhandlungen verbessern. Die Arbeiterklasse kann ihre Rechte nur im ständigen Kampf gegen die Unternehmer, notfalls durch Streik, durchsetzen" [103: Jahrbuch, Bd. 2, 244; Bd. 1, 228; Bd. 6, 75].

Schwindendes Klassenbewußtsein

Der Begriff Sozialismus verlor seinen Glanz. Von 1961 bis 1975 stieg die Assoziation dieses Begriffs mit „Zwang" von 19 auf 41%, mit „Gleichmacherei" von 29 auf 49%. Mehr und mehr verband die Bevölkerung die Begriffe Sozialismus und Ostzone, 1961 zu 28%, 1975 zu 60%. Die Bevölkerung zeigte zwar nur geringe Sympathien für Streiks, bejahte aber die Gewerkschaften als notwendige Interessenvertretungen.

Wenn die SPD die Mehrheit gewinnen wollte, mußte sie sich vom Marxismus lösen. Dies geschah auf dem Godesberger Parteitag im November 1959. Die „Grundwerte des Sozialismus", nämlich Freiheit, Gerechtigkeit und Solidarität, so erklärte das Programm, gründeten sich auf „christliche Ethik, den Humanismus und die klassische Philosophie". Die marxistische Wurzel wurde also eliminiert, mindestens kaschiert. Das Programm betonte zwar, daß der Staat den Mißbrauch wirtschaftlicher Macht zu bekämpfen habe, aber daneben standen Be-

Godesberger Programm

kenntnisse zu Wettbewerb und privatem Eigentum an Produktionsmitteln. Das Programm zielte nicht auf eine grundsätzlich neue gesellschaftliche Ordnung, sondern auf Verbesserung des bestehenden Systems. „Stetiger Wirtschaftsaufschwung“ sollte das Ziel der Wirtschafts- und Sozialordnung sein [35: Programmatische Dokumente, 361 ff.].

Langsam konnte die SPD ihre Wahlergebnisse verbessern. Zwar lag sie in der Bundestagswahl von 1965 noch um 8% hinter der CDU zurück, 1966 konnte sie aber eine Krise der CDU-Führung nutzen, um mit ihr eine Regierung der Großen Koalition zu bilden, die Regierung Kiesinger – Brandt. In der Wahl von 1969 übersprang die SPD erstmals die 40% und bildete mit der FDP eine sozialliberale Koalition. Diese regierte bis 1982, zuerst unter Willy Brandt, seit 1974 unter Helmut Schmidt.

Sozialliberale Koalition

6.5 Neue Linke und Neue Armut

Der enorme wirtschaftliche Aufstieg der Arbeiterschaft und die politische Gleichberechtigung führten weder zu einer ideologischen noch zu einer sozialen Homogenität in der alten Bundesrepublik. Der ideologische Konsens, der sich von der Mitte der 1950er Jahre an in der Bundesrepublik abgezeichnet hatte, war gekennzeichnet gewesen durch ein Bekenntnis zu Demokratie, Marktwirtschaft und Sozialstaatlichkeit, dies alles in kämpferischem Gegensatz zum Sozialismus sowjetischer Prägung. Seit Mitte der 1960er Jahre meldete sich jedoch Protest. Er nährte sich z. T. aus alten pazifistischen Strömungen, verstärkte sich durch antiamerikanische und Pro-Dritte-Welt-Gefühle bei der Verurteilung des Vietnam-Krieges und entzündete sich vor allem an den Verkrustungen der Universität. Als mit der Bildung der Großen Koalition, der Regierung Kiesinger – Brandt, im Dezember 1966 zunächst keine stärkere parlamentarische Opposition mehr vorhanden zu sein schien, verstanden sich die verschiedenen oppositionellen Kräfte gemeinsam als APO, als Außerparlamentarische Opposition. Die Behandlung und Verabschiedung der Notstandsgesetze im Mai 1968 bestärkte Teile der APO in ihrer fundamentalen Ablehnung des bestehenden Systems. Es entstand eine Neue Linke.

Entstehung der Neuen Linken

Ihrer sozialen Rekrutierung nach war die Neue Linke in erster Linie eine Studentenbewegung. Sie hing vor allem einer diffusen, spätmarxistischen Ideologie an, wie sie etwa von Herbert Marcuse formuliert wurde. Deshalb bemühte sie sich, wie es z. B. in den Osterunruhen 1968 deutlich wurde, intensiv, die Arbeiterschaft für den außerparlamentarischen Kampf zu gewinnen. Die Arbeiter zeigten jedoch kein Verständnis für nichtparlamentarische Formen der Demokratie, noch weniger für „postmaterialistische" Werte etwa nach der Losung: Lebensqualität statt Lebensstandard.

Kampffelder der Neuen Linken

Ein Teil der Protestbewegung des Jahres 1968 wirkte in ungebrochener Kontinuität weiter bis zur Gegenwart. Opposition äußerte sich z.B. in unzähligen punktuellen Bürgerinitiativen, die gelegentlich überregionalen Charakter annahmen wie im Kampf gegen die Startbahn West des Frankfurter Flughafens oder das Atomkraftwerk Wyhl. Auch die Friedensbewegung blieb ununterbrochen seit den Kampagnen gegen den Vietnamkrieg wirksam. Sie hatte ihren Höhepunkt im Kampf gegen den NATO-Doppelbeschluß der Regierung Schmidt, kulminierend etwa in der Demonstration von 300000 Teilnehmern im Oktober 1981 in Bonn. Nicht weniger eindrucksvoll waren die immer erneut aufflammenden Kämpfe gegen den Einsatz von Kernkraft zur Energiegewinnung. Vielfältiger Widerstand regte sich gegen die Zerstörung der natürlichen Umwelt. Parallel arbeiteten Frauenbewegungen, Dritte-Welt-Initiativen, Psycho-Bewegungen und Experimente mit alternativen Lebensformen.

Die Arbeiterschaft nicht Teil der Neuen Linken

Die Arbeiter nahmen an all diesen Bewegungen keinen wesentlichen Anteil. Geballt als Klasse traten sie nicht auf. Eine klassenmäßige Zuordnung der oppositionellen Bewegungen ist nicht möglich. Schwerpunktmäßig rekrutieren sich ihre Mitglieder aus jüngeren Menschen mit gehobenem Schulabschluß.

Flügelkämpfe in der SPD

Willy Brandt, seit seinem Rücktritt als Bundeskanzler im Jahre 1974 auf den Vorsitz der SPD beschränkt, bemühte sich, die Partei für die alternativen Bewegungen offen zu halten. Da die SPD gleichzeitig unter Helmut Schmidt Regierungsverantwortung trug, führte das zu heftigen innerparteilichen Auseinandersetzungen. Es zeigte sich, daß die Vertreter des gewerkschaftlichen Flügels in der SPD, etwa Georg Leber, Holger Börner, Egon Franke und Walter Arendt, besonders nachdrücklich eine Regierungspolitik stützten, die sich in den traditionellen Bahnen der Wirtschafts-, Technik- und Sicherheitspolitik bewegte. Die Uneinigkeit der SPD war die tiefere Ursache für den Sturz der Regierung Schmidt im Jahre 1982.

Gründung der „Grünen"

Die relative Offenheit der SPD hat die bundesweite Gründung der fundamental alternativen Partei der „Grünen" im Jahre 1980 nicht verhindern können, und ebensowenig schloß die Oppositionsrolle der SPD das Wachstum der „Grünen" bei den kommenden Wahlen aus. 1983 gelang ihnen der Sprung in den Bundestag. Ihr Programm von 1980 erschien wie eine „Aneinanderreihung sämtlicher Forderungen, die die

Linke, einschließlich ihrer vormals dogmatischen und marxistisch-leninistischen Teile" [407: Langguth, 266f.], in den vorangegangenen Jahren gestellt hatte. Seitdem gibt es diese relativ starke Partei links von der SPD.

Die „neue Armut"

Vor allem das Wachstum der Arbeitslosigkeit in den 1980er Jahren konfrontiert die Bundesrepublik mit einem neuen Phänomen, dem der Neuen Armut. Betroffen sind vor allem Langzeitarbeitslose, die wegen geringer Qualifikation, höherem Alter, Kränklichkeit oder aus anderen Gründen schwer zu vermitteln sind; außerdem Kinderreiche; Langzeitkranke; Behinderte; Drogenabhängige; Kriminelle; Personen mit häufig wechselndem Wohnsitz, die oft der Obdachlosigkeit anheimfallen; und zunehmend arbeitslose Ausländer, darunter vor allem Asylanten. Vielfach werden von den Betroffenen die sozialstaatlichen Regelungen als so kompliziert empfunden, daß sie nicht ausgeschöpft werden. Die Arbeiter, die einen Arbeitsplatz besitzen oder Rente beziehen, sind nicht von der Neuen Armut betroffen. Die Neue Armut ist eine Erscheinung „unterhalb" der Arbeiterschaft.

Soweit die deutsche Arbeiterschaft der Gegenwart in Arbeit und Brot steht, ist sie sozial und politisch-ideologisch ein Teil der etablierten Gesellschaft.

7. Die Arbeiterschaft in der DDR

7.1 Die Schaffung der SED

Wie in der späteren Bundesrepublik fanden sich auch in der sowjetisch besetzten Zone die Arbeiter und Arbeiterführer unmittelbar am Ende des Dritten Reiches zusammen, um die alten Organisationen wieder aufzubauen. Die Gründung von „antifaschistischen" Parteien und Gewerkschaften wurde am 10. Juni 1945 durch den Befehl Nr. 2 der SMAD, der Sowjetischen Militäradministration in Deutschland, erlaubt. Allerdings behielt sich die SMAD die Kontrolle der Parteien und Organisationen ausdrücklich vor. Schon am 11. Juni wurde die KPD zugelassen, am 15. Juni die SPD, wenig später CDU und LDPD.

Die KPD, deren Führung sofort die aus der Sowjetunion eingeflogenen drei Emigrantengruppen Ulbricht, Ackermann und Sobottka übernahmen, überraschte die anderen politischen Kräfte mit einem Angebot zur Zusammenarbeit, verbunden mit einem Bekenntnis zur „parlamentarisch-demokratischen Republik" und zur „Entfaltung des freien Handels und der privaten Unternehmerinitiative auf der Grundlage des Privateigentums". Das Sowjetsystem wurde, wenigsten in der gegenwärtigen Situation, für Deutschland als ungeeignet ausdrücklich abgelehnt [38: FLECHTHEIM, Dokumente, Bd. 3, 313 ff.]. Im Juli bildeten die vier zugelassenen Parteien einen gemeinsamen Ausschuß zur Bekämpfung des Nationalsozialismus, den Antifa-Block, wie er bald genannt wurde. Die Politik der SMAD zielte offensichtlich darauf, durch die Zulassung und Kontrolle der Berliner Parteizentralen das politische Leben in ganz Deutschland in ihrem Sinne lenken zu können.

Der Antifa-Block in der SBZ

Es gab unter den Arbeitern und ihren Führern, die in Deutschland unter dem Nationalsozialismus gelitten hatten, den starken Wunsch, alles Trennende zu überwinden und eine große, gemeinsame Arbeiterpartei zu schaffen. Das Buchenwalder Manifest, noch vor Kriegsende von Häftlingen dieses Konzentrationslagers unter der Leitung des Sozialdemokraten Hermann Brill verfaßt, ist ein besonders beredter Ausdruck dieser Stimmung. Die KPD lehnte ein Zusammengehen mit den Sozialdemokraten zunächst ab. Im Herbst 1945 änderte sie jedoch ihre Marschrichtung, vor allem unter dem Eindruck von Wahlniederlagen der Kommunisten in Ungarn und Österreich. Jetzt standen die Sozialdemokraten einer Vereinigung der beiden Parteien eher ablehnend gegenüber, zumal sich Kurt Schumacher in Hannover strikt dagegen aussprach. Die KPD erreichte jedoch ihr Ziel der Vereinigung durch den massiven Druck der SMAD, aber auch wegen der Unterstützung durch führende Sozialdemokraten wie Otto Buchwitz in Dresden, Karl Moltmann in Schwerin und, zögernd, Otto Grotewohl im Berliner Zentralausschuß der SPD. Die SMAD maßregelte oder verhaftete über 20000 Sozialdemokraten, bedrohte andere, gab Fehlinformationen aus, förderte auf jede Weise ihr genehme Personen, lenkte über die Medien die Berichterstattung, isolierte die örtlichen Parteistellen und verteilte die knappen Hilfsmittel (Papier, Räume, Autos, Druckereikapazität u. a.) zugunsten der KPD. Am 10. Februar 1946 beschlossen die sozialdemokratischen Spitzenpolitiker der SBZ in einer tumultuarischen und im einzelnen undurchsichtigen Konferenz die Vereinigung mit der KPD für Ostern 1946. Eine Urabstimmung der SPD im Ostsektor von Berlin wurde von den sowjetischen Streitkräften unterbunden. Am 21./22. April 1946 wurde die SED gegründet.

Vereinigung von KPD und SPD zur SED

Die Rechnung der SMAD ging auf. In den einzigen halbwegs freien Wahlen in der SBZ, nämlich den Landtagswahlen im September 1946, erhielt die SED zwischen 43,9 und 49,5% Stimmen. Daß sie das nur dem Ansehen der Sozialdemokraten verdankte, wird aus dem Ostberliner Ergebnis deutlich. Hier, wo neben der SED auch die alte SPD kandidierte, erhielt diese 43,6%, die SED nur 29,9%.

Die Sozialdemokraten wurden innerhalb der SED weiter zurückgedrängt. Spätestens nach der Säuberung der SED im Herbst 1948 waren ehemalige Sozialdemokraten nur noch dann auf wichtigen Positionen tätig, wenn sie sich der Parteilinie völlig unterworfen hatten. Etwa 200000 wurden aus der SED ausgeschlossen, 5000 verhaftet, etwa 400 umgebracht. Ähnlich wurden die bürgerlichen Parteien gleichgeschaltet, und die Zusammensetzung der Parlamente wurde durch Einfügen sogenannter antifaschistischer Massenorganisationen verändert. Eine solche kommunistisch geleitete Organisation wurde nach kurzer Zeit auch die Einheitsgewerkschaft der SBZ, der Freie Deutsche Gewerkschaftsbund FDGB.

Alleinherrschaft der Kommunisten

7.2 Der 17. Juni und seine Voraussetzungen

Die Arbeiterschaft hatte ursprünglich den Zusammenschluß aller antifaschistischen Kräfte bejaht. Sie hatte ebenso wie im Westen auch das Ziel des Sozialismus gutgeheißen. Die Bodenreform, d.h. die Aufteilung des Landbesitzes über 100 ha, war durchaus populär. Andererseits hatten schon die Plünderungen, Vergewaltigungen und Morde, die mit dem russischen Einmarsch verbunden gewesen waren, den neuen Herren keine Freunde gemacht. Sinnlose Zerstörungen auch noch nach Kriegsende, rücksichtslose, kurzsichtige Demontagen, der Terror, der sich nicht nur gegen Nationalsozialisten richtete, und die Einengung und Beseitigung der demokratischen Ansätze machten das kommunistische Regime bald auch bei den Arbeitern verhaßt. Hinzu kam, daß spätestens seit der Währungsreform der Lebensstandard in Ostdeutschland deutlich hinter dem westdeutschen zurückblieb. Das Wort vom „Goldenen Westen“ ging um.

Ablehnung des kommunistischen Systems durch die Arbeiter

Nach sowjetischem Vorbild wurde, soweit es nur irgend machbar war, Leistungslohn eingeführt. Die Löhne wurden an die Erfüllung der sogenannten Normen gebunden. Die SED war ständig bestrebt, die Normen zu erhöhen. Eine Hauptrolle spielte dabei, ebenfalls nach sowjetischem Vorbild, die sogenannte Aktivistenbewegung. Einzelne Arbeiter wurden dazu veranlaßt, die Norm kräftig zu überbieten. Als Vorbild diente dabei Adolf Hennecke, ein Bergmann, der im Oktober 1948 seine Norm mit 380% erfüllt hatte. Auch durch den sogenannten sozialistischen Wettbewerb sollten die Normen überboten werden. Die Leistungen solcher Aktivisten dienten dann zur Rechtfertigung allgemeiner Normerhöhungen. Sie bedeuteten für die Arbeiter Lohnsenkungen,

Aktivistenbewegung

wenn sie die neuen Normen nicht einhalten konnten. Das System wurde nicht dadurch beliebter, daß die Arbeiter vielfach gezwungen wurden, sich „freiwillig" zu höheren Leistungen zu verpflichten. Ohne Gewerkschaft und ohne eine eigene Partei mußten die Arbeiter in ohnmächtiger Wut die Maßnahmen der SED über sich ergehen lassen. Die Propaganda von der Diktatur des Proletariats, von der SED als Arbeiterpartei und von der DDR als erstem Arbeiter- und Bauernstaat auf deutschem Boden, verfing bei den Arbeitern nicht.

Bis zum Frühjahr 1953 verschärfte die SED ihren Kurs. Die nach Stalins Tod etablierte sowjetische Führung, besonders der Geheimdienstchef Berija, erwog jedoch, ein neutrales und wiedervereinigtes Deutschland anzustreben. Das hätte das Ende der SED-Herrschaft bedeutet. Um das Ansehen der Partei nach Möglichkeit zu retten, wurde das Ostberliner Politbüro von der sowjetischen Führung aufgefordert, seine politischen Methoden zu mildern. Das Ergebnis dieser Intervention war die Verkündung des Neuen Kurses am 9. Juni 1953. Die SED machte die Zwangsmaßnahmen der letzten Monate rückgängig und verschob das propagierte Ziel des Sozialismus auf unbestimmte Zeit. Die Bevölkerung reagierte mit grimmiger Schadenfreude in der Erwartung, nach diesem Widerruf seiner bisher so brutal durchgesetzter Maßnahmen könne das Regime nicht länger dauern.

Der „Neue Kurs"

Nicht rückgängig gemacht waren die im Mai verfügten allgemeinen Normerhöhungen von 10%. Als der FDGB diese Normerhöhung am 16. Juni noch einmal bestätigte, legten die Bauarbeiter der Stalinallee in Ostberlin die Arbeit nieder. Sie formierten einen Demonstrationszug, der zum Haus der Ministerien zog und durch den Zustrom großer Teile der Bevölkerung ständig anschwoll. Hier ging es nicht mehr in erster Linie um Rücknahme der Normerhöhungen, sondern um die Beseitigung des SED-Staats. „Rücktritt der Regierung" und „Freie Wahlen" waren die dominierenden Forderungen.

Am nächsten Tag wurden fast alle größeren Betriebe der DDR bestreikt. In den größeren Städten kam es zu Demonstrationen. In über 250 Orten der DDR gab es Unruhen. Die Arbeiter solidarisierten sich besonders in den traditionsreichen Betrieben mit einer alten, gewachsenen, klassenbewußten Arbeiterschaft. In neun der zehn eisen- und stahlerzeugenden Großbetriebe z.B. wurde gestreikt, nicht jedoch in dem auf „grüner Wiese" neu entstandenen Eisenhüttenkombinat Ost bei Frankfurt an der Oder.

Der 17. Juni

Am Mittag des 17. Juni fuhren sowjetische Panzer auf und zerstreuten die Demonstrationen, am Abend begannen die Verhaftungen durch die Volkspolizei. Die Streiks wurden noch tagelang fortgesetzt, aber durch Verhaftung aller Wortführer der Streikenden brachen sie schließlich zusammen. Der Aufstand des 17. Juni war gescheitert.

Dies war ein Volksaufstand insofern, als sich die gesamte Bevölkerung mit ihm solidarisierte und sich im Ziel einig war. Daß die SED-Herrschaft beseitigt, freie Wahlen abgehalten und dadurch selbstverständlich auch die Einheit Deutschlands hergestellt werden sollte, war nirgends strittig. Die Landbevölkerung beteiligte sich übrigens an den Unruhen in erheblichem Maße, wie erst jetzt aus den Stasi-Akten bekannt wird.

Volksaufstand und Arbeiteraufstand

Der Aufstand war insofern ein Arbeiteraufstand, als er sich an einer Lohnfrage entzündete, von Arbeitern ausgelöst wurde, zum größten Teil in den traditionellen Formen der Arbeiterbewegung (Streiks, Demonstrationen) ausgetragen wurde und seine Schwerpunkte in den alten Hochburgen der Arbeiterbewegung hatte (Ostberlin, Leipzig, dem Raum Halle-Merseburg-Bitterfeld, Magdeburg). Die Arbeiterklasse trat hier noch einmal in klassischer Weise auf.

7.3 Scheinbare Stabilität und Zusammenbruch der DDR

Während des Ungarn-Aufstandes und der Unruhen in Polen gärte es noch einmal in den Betrieben der DDR. Aber dann breitete sich zunehmend Resignation aus, die sich nach dem Bau der Mauer im August 1961 noch verstärkte. Ein gewaltsamer Sturz des DDR-Regimes schien als Möglichkeit auszuscheiden. Die Bevölkerung, und dabei vor allem die Arbeiterschaft, schien sich mit den Gegebenheiten abfinden zu müssen.

Dies wurde ihr durch eine allmähliche, aber andauernde Steigerung des Lebensstandards erleichtert. Auch gab es für Arbeiter mannigfache Aufstiegschancen, hatten doch bis zum Mauerbau mehr als zwei Millionen Menschen die DDR verlassen, vorwiegend Inhaber höherer Positionen, etwa Angehörige der technischen Intelligenz. Ihre Stellen mußten neu besetzt werden. Eine Delegation durch den Betrieb an eine Hoch- oder Fachschule oder ein Fernstudium ermöglichten vielen Facharbeitern eine weitere Qualifikation. Auch waren die Lebensumstände aller DDR-Bewohner, mit Ausnahme der dünnen Oberschicht von Funktionären, hohen Wissenschaftlern und Künstlern und mit Ausnahme der Rentner relativ gleich, spielten doch die reinen Geldlöhne wegen des Kaufkraftüberhanges nur eine geringe Rolle. Trotz solcher

Einschmelzung der Arbeiterschaft in die Gesamtgesellschaft

Tendenzen, die die Einschmelzung der Arbeiterschaft in die Gesamtgesellschaft bewirkten, verloren die Arbeiter nie das Bewußtsein, rechtlos zu sein und in der materiellen Versorgung hinter ihren westlichen Kollegen zurückzubleiben. Die Einschränkung der Reisemöglichkeiten erzeugte zusätzliche Verbitterung. Es gelang der DDR-Führung in keiner Phase ihrer Geschichte, die Arbeiterschaft zu gewinnen. Die meisten Erfolge hatte die SED bei ihrem Bemühen um die Zustimmung der Bevölkerung anscheinend in den 1970er Jahren, wie die (damals geheimen) Umfrageergebnisse des Zentralinstituts für Jugendforschung in Leipzig ausweisen. Auffallend ist, daß die Skepsis der Lehrlinge und jungen Arbeiter gegenüber dem Regime immer wesentlich größer war als die der, freilich ausgesiebten, Studenten. Eine sozialistische Moral, wie sie das Regime offiziell anstrebte, also die Motivation, aus Gründen des Gemeinwohls gut zu arbeiten, bildete sich nicht aus.

Modus vivendi zwischen DDR-Bevölkerung und -Führung

Es kam jedoch über viele Jahre hinweg zu einem Modus vivendi, zu einem stillschweigendem Übereinkommen zwischen DDR-Bevölkerung und -Führung. Die Bevölkerung verzichtete auf oppositionelle Handlungen, beispielsweise auf grundsätzliche, in der Öffentlichkeit geäußerte Kritik. Die SED-Führung räumte dafür der Versorgung der Bevölkerung mit Nahrungsmitteln, mit Kleidung, Wohnung, Energie, auch mit manchen Gütern des gehobenen Bedarfs wie Fernsehern, Kühlschränken, Waschmaschinen, Fotoapparaten und auch Autos, relativ hohe Priorität ein.

Das Warenangebot blieb jedoch unregelmäßig und konnte besonders bei höherwertigen Gütern den Bedarf nicht decken. Die Qualität der Waren ließ im Vergleich zu westlichen Produkten zu wünschen übrig. Ersatzteile und Reparaturmöglichkeiten waren ständig knapp.

Umfangreiche Sozialmaßnahmen halfen den jungen Familien (z.B. 20 Wochen Urlaub nach der Entbindung für die Mutter; beim 3. Kind Freistellung von der Arbeit und finanzielle Unterstützung bis zur 84. Woche; bedarfsdeckende Errichtung von Kinderkrippen und Kindergärten). Das Westfernsehen wurde nicht behindert, Reisen in die sozialistischen Nachbarländer wurden erlaubt. Jeder erhielt eine Arbeitsstelle, wenn sie auch oft nicht der Qualifikation entsprach. Die SED duldete einen erheblichen Schlendrian am Arbeitsplatz, denn größere Effizienz der Wirtschaft hätte möglicherweise ihre Herrschaft gefährdet. Wer sich nichts Gravierendes zuschulden kommen ließ, was allerdings schon durch das Erzählen politischer Witze geschehen konnte, war praktisch unkündbar. Die Industriearbeiter gewöhnten sich bei aller kritischen Distanz an die soziale Realität in der DDR. Daß die SED neben ihren hohen Aufwendungen für die innere und äußere Sicherheit ihre bescheidene Sozialpolitik auf Dauer nicht finanzieren konnte, blieb lange verborgen. Die DDR lebte zunehmend von der Substanz. Selbst notdürftige Reparaturen verschlissener Anlagen und Gebäude mußten in den 1980er Jahren mehr und mehr unterbleiben, ohne daß die SED es wagte, den Konsum der Bevölkerung einzuschränken oder höhere Arbeitsleistungen durchzusetzen. Diese Haltung resultierte nicht zuletzt aus den Lehren, die die Partei aus dem 17. Juni gezogen hatte.

Unzufriedenheit mit dem DDR-Alltag

Der größte Teil der Bevölkerung und vor allem auch die Arbeiterschaft engagierte sich am Arbeitsplatz und in der Politik möglichst wenig und zog sich statt dessen in private Nischen zurück. Versuche der SED, ein „sozialistisches" Zusammenleben der Arbeitsbrigaden auch in der Freizeit zu bewirken, scheiterten. Die Stasi berichtete kurz vor dem Zusammenbruch der DDR, daß die DDR-Bevölkerung nach wie vor mit dem Angebot von Waren, Dienstleistungen und mit der medizinischen Betreuung unzufrieden sei, daß sie an der Einschränkung der Reisemöglichkeiten Anstoß nehme und die schlechten Arbeitsbedingungen und „Diskontinuitäten" in der Produktion bemängele, daß sie die hohen Preise für hochwertige Güter kritisiere, daß sie sich von dem Herrschaftsgebaren der Funktionäre auch bei alltäglichen Angelegenheiten schikaniert fühle und daß sie den ostdeutschen Medien keinen Glauben schenke.

Träger der Revolution von 1989

Die Revolution von 1989/90 unterschied sich grundlegend vom 17. Juni 1953. In bezug auf die Arbeiterschaft ist vor allem festzuhalten, daß 1989 Fragen der Arbeitsordnung nur von marginaler Bedeutung waren. Bei der allmählichen Steigerung der Revolution spielten vor allem die neue Flüchtlingswelle und die Frage der Reisefreiheit eine erhebliche Rolle. Träger der Unruhe waren zunächst Menschenrechts-, Friedens- und Umweltgruppen, die eng mit der evangelischen Kirche verbunden waren. In ihnen waren Künstler stark vertreten, aber auch Halb- oder Gar-nicht-Beschäftigte. Diese Gruppen hatten Ähnlichkeit mit der Neuen Linken in der Bundesrepublik. Ihr Protest zielte zunächst auf eine Verbesserung des SED-Regimes, nicht auf seine Beseitigung. Man hielt das für wenig realistisch, obgleich vereinzelt schon Anfang Oktober 1989 Forderungen nach freien Wahlen erhoben wurden.

Engagement der Facharbeiterschaft für die Wiedervereinigung?

Nahezu nirgends traten die Belegschaften geschlossen in die Öffentlichkeit. Es wurde nicht gestreikt. Arbeiter beteiligten sich zwar an den Demonstrationen, aber wie andere Bürger auch, nicht als geschlossene, nach außen kenntliche Belegschaften. Es gab keine Klassenlinien, an denen sich der Konflikt entzündete, sondern er wurde zwischen Gesellschaft und Partei, zwischen Beherrschten und Herrschenden ausgetragen. In Leipzig scheint der Kern der alten Facharbeiterschaft besonders in der zweiten Phase der Revolution aktiv gewesen zu sein, als es nicht mehr um die Reform der DDR, sondern um die Wiedervereinigung ging. Endgültig gesichert ist das nicht. In den Betrieben äußerte sich weniger Fundamentalopposition als vielmehr Kritik an den desolaten Produktionsbedingungen.

Die Wahlergebnisse vom 18. März 1990 zeigten jedoch, daß die SED/PDS gerade in den Arbeiterbezirken am wenigsten Rückhalt besaß. In den industriell geprägten Bezirken Chemnitz (damals noch Karl-Marx-Stadt), Halle, Leipzig und Magdeburg erhielt die PDS nur 11,3; 13,8; 14,5 und 14,2%, während sie in ihrem Verwaltungszentrum Ostberlin auf 30,2% kam und in dem rein ländlichen Bezirk Neubrandenburg auf 25,8%. Daß diese große, friedliche, demokratische Revolution, anders als der 17. Juni 1953, erfolgreich sein konnte, war allerdings nicht nur dem geschlossenen und besonnenen Handeln der DDR-Bevölkerung zu verdanken, sondern auch, als entscheidender Rahmenbedingung, der veränderten Haltung der Sowjetunion.

II. Grundprobleme und Tendenzen der Forschung

1. Historiographischer Überblick

Die sozialgeschichtliche Forschung hat seit dem Ende der 1960er Jahre einen gewaltigen Aufschwung erfahren, und sie ist zu einer der führenden Teildisziplinen der Geschichtswissenschaft geworden, wie z. B. die Themen der Historikertage ausweisen. Innerhalb der Sozialgeschichte wurde die Arbeiterschaft mit Vorrang erforscht. Sie gehört mit zu den am intensivsten untersuchten Gegenständen der Geschichtswissenschaft.

Die Geschichte der Arbeiter und der Arbeiterbewegung ist jedoch ursprünglich nicht von der Geschichtswissenschaft bearbeitet worden. Die Arbeiterbewegung selbst hat sich schon seit dem Ende des 19. Jahrhunderts bemüht, ihre Ursprünge und ihren Werdegang darzustellen. Das geschah durchaus in parteipolitischer Absicht. Anhängern und Außenstehenden sollte der Stolz auf eine alte Organisation vor Augen geführt werden. Die Unscheinbarkeit der Anfänge sollte mit den machtvollen Organisationen der Gegenwart kontrastieren, um die Unwiderstehlichkeit der Bewegung darzutun, und die innerparteilichen Auseinandersetzungen wurden auch deshalb ausgebreitet, um zu zeigen, daß sich die richtigen Auffassungen immer durchgesetzt hätten. Franz Mehrings „Geschichte der Deutschen Sozialdemokratie" ist ein Musterbeispiel für diese engagierte Geschichtsschreibung [19]. In dieser Tradition hat Gustav Mayer eine Darstellung der gesamten deutschen und europäischen Arbeiterbewegung mit einer besonders eingehenden Berücksichtigung der ideologischen Entwicklung geliefert, und zwar mit seinem Werk über Friedrich Engels, dessen erster Band 1913 fertiggestellt war und 1919 erschienen ist [273]. Solche Bemühungen sind in der Weimarer Zeit fortgesetzt worden. Sie haben u. a. die Untersuchungen von Quarck über die Arbeiterverbrüderung gezeitigt, in denen das bedeutende, aber vergessene Engagement der Arbeiter und Handwerker in der Revolution von 1848 wieder ins Bewußtsein gehoben worden ist [212].

Sozialdemokratische Geschichtsschreibung

Diese Tradition wird von der SPD und den Gewerkschaften bis heute fortgeführt. Weit mehr als jede andere demokratische Partei in Deutschland ist die SPD an ihrer eigenen Geschichte interessiert. Die parteinahe Friedrich-Ebert-Stiftung hat eine Fülle von Forschungsvorhaben durchgeführt und gefördert sowie zahlreiche Bibliographien, Quellenwerke und Darstellungen herausgegeben. Ein Führer von DIETER DOWE unterrichtet über diese Forschungsinstitution und das angeschlossene „Archiv der Sozialen Demokratie" sowie über vergleichbare europäische Einrichtungen und Archive [114]. Das frühere Parteiarchiv der SPD und mit ihm der Nachlaß von Marx und Engels haben vor dem Zugriff der Nationalsozialisten gerettet werden können und befinden sich heute im Internationalen Institut für Sozialgeschichte in Amsterdam, dagegen sind die eigenen Überlieferungen der Gewerkschaften nach 1933 fast völlig vernichtet worden.

Friedrich-Ebert-Stiftung

Zur Verbreitung und Festigung der sozialistischen Überzeugungen wurden stets auch die Schriften von Marx, Engels und anderen Sozialisten publiziert, auf die zunehmend auch die Forschung zurückgegriffen hat. Als editorische Meisterleistung gilt die Marx-Engels-Gesamtausgabe (MEGA), die seit 1927 von RJAZANOV herausgegeben worden ist. Sie ist ein Torso geblieben. Gewöhnlich benutzt die Wissenschaft die Marx-Engels-Werke (MEW) [18], die 1956 bis 1968 in Ostberlin erschienen sind. Von einer neuen MEGA, die auf etwa 100 Bände angelegt ist, sind zur Zeit 49 Bände erschienen. Das Werk ist weiter in Arbeit [17]. Die Bibliographie von FRANZ NEUBAUER verzeichnet die bis 1979 erschienenen Veröffentlichungen der beiden Klassiker des Marxismus [120].

Ausgaben der Werke von Marx und Engels

Selbstverständlich sind auch die Schriften anderer Theoretiker der Arbeiterbewegung herausgegeben worden, so die von Lassalle [13], Karl Liebknecht [15] und Rosa Luxemburg [16]. Von den wichtigsten Arbeiterführern liegen Briefwechsel vor. Sie sind spätestens in den 1960er Jahren erschienen und verdeutlichen das damals noch vorherrschende Interesse der Geschichtswissenschaft an geistes- und organisationsgeschichtlichen Fragestellungen.

Neben den Forschungen zur Arbeiterbewegung und ihrer Ideologie hat es im 19. Jahrhundert auch solche zur Lage der Arbeiter gegeben. Sie wollten die Diskussion über die Soziale Frage, die es seit den ersten Jahrzehnten des 19. Jahrhunderts gegeben hat [118: MOHL; 119: MOMBERT], auf eine wissenschaftliche Grundlage stellen. Sie sammelten deswegen besonders statistisches Material und arbeiteten auch bereits mit Befragungen. Diese Arbeit wurde nicht von der Geschichtswissenschaft geleistet, sondern in erster Linie von der Volkswirtschaftslehre. Immer noch unentbehrlich sind die beiden Enqueten des Bundesrats zur Lage der Fabrikarbeiter und der Frauen und Kinder im Gewerbe [75; 74], die weitgehend auf Mitteilungen der Fabrikinspektoren beruhen. Viele der folgenden nationalökonomischen. Untersuchungen sind in der Schriftenreihe des „Vereins für Socialpolitik“ erschienen. Zu nennen wären etwa die Studien von MARIE BERNAYS, ROSA KEMPF und WILHELM STIEDA [71; 82; 93] sowie die Arbeit von MAX WEBER über die Landarbeiter [306]. Alle diese Forschungen haben heute weitgehend Quellencharakter Sie erhielten mit der Abhandlung von GÖTZ BRIEFS, erschienen 1926, einen gewissen Abschluß [134].

Volkswirtschaftliche Forschungen zur Lage der Arbeiter

Schon vor dem Ersten Weltkrieg unternahm es WERNER SOMBART, im Rahmen seiner Geschichte des modernen Kapitalismus die Herausbildung der modernen Arbeiterschaft in Europa darzustellen. Er ging dabei bis zum Ausgang des Mittelalters zurück und konzentrierte sich vor allem auf das Problem der Disziplinierung. Daneben ist er besonders Fragen des Arbeitsvertrages und damit natürlich solchen der Löhne, der betrieblichen Hierarchie und der Mobilität nachgegangen. Seine Belege sind oft etwas zufällig ausgewählt, aber seine Fragestellung ist modern, und die räumliche und zeitliche Weite seines Bearbeitungsgebietes ist eindrucksvoll [178].

Die Geschichtswissenschaft hat die Erforschung der Arbeiterschaft und der Arbeiterbewegung erst nach dem Zweiten Weltkrieg zögernd begonnen. Bis dahin hatte sie sich auf ihre traditionellen Felder in der politischen, der Militär- und Geistesgeschichte konzentriert. Der Wandel trat etwa mit der 1952 fertiggestellten Dissertation von GERHARD A. RITTER ein, die zuerst 1959 unter dem Titel „Die Arbeiterbewegung im Wilhelminischen Reich“ erschienen ist [281]. Thematisiert wurden darin gleicherweise die Organisationen von Partei und Gewerkschaft, die Richtungskämpfe innerhalb der Arbeiterbewegung und die kulturellen Aktivitäten. Auch wurde damit ein Zeitraum behandelt, auf den sich fortan das Interesse der Arbeitergeschichts-Forschung mit besonderem Nachdruck richten sollte.

Beginn der Forschungen durch die Geschichtswissenschaft

Themenschwerpunkt Arbeiterbewegung im Kaiserreich

Ein anderer Schwerpunkt wurde durch die Forschungen von ERICH MATTHIAS markiert. Schon 1952 veröffentlichte er unter dem Titel „Sozialdemokratie und Nation“ eine Abhandlung, in der er die Diskussionen im sozialdemokratischen Parteivorstand während der Prager Emigration 1933–1938 dargestellt hat [377]. Damit wurde thematisiert, wie sich die Sozialdemokratie in der Weimarer Republik und im Widerstand gegen die nationalsozialistische Machtergreifung bewährt hat. 1960 hat ERICH MATTHIAS dieses Thema mit seinem Beitrag zur Sozial-

Themenschwerpunkt SPD in der Weimarer Republik

demokratie vor und nach dem 30. Januar 1933 wieder aufgegriffen [334].

Relativ früh wandte sich die Geschichtswissenschaft auch dem Verhalten der Arbeiterbewegung vor und nach dem Ersten Weltkrieg zu. EBERHARD KOLB erklärte 1962, die SPD hätte die Weimarer Republik fester in demokratischem Geist verankern können, wenn die Partei weniger mit den alten Gewalten paktiert und sich mehr auf die republikanischen Kräfte in den Räten gestützt hätte. Die Gefahr des Bolschewismus sei auch bei einem solchen Kurs gering gewesen [327].

Die Beschäftigung mit der politischen Wirkung der Arbeiterbewegung war nur die eine Wurzel, aus der sich in der Bundesrepublik die Geschichtsschreibung über die Arbeiterschaft nährte. Eine zweite Wurzel bestand in einer Sozialgeschichtsschreibung, als deren frühe, modernere Vertreter WERNER CONZE, WILHELM ABEL und WOLFRAM FISCHER genannt werden können. Sie wollten vor allem die Rahmenbedingungen darstellen, unter denen sich die industrielle Arbeiterschaft gebildet hat. Besonders Conzes Aufsatz „Vom ‚Pöbel‘ zum ‚Proletariat‘“, 1954 in der VSWG erschienen, wurde in der Folge immer wieder aufgegriffen und wiederholt neu publiziert [197].

Sozialgeschichte

Wollte man die Arbeiterschaft selbst im einzelnen untersuchen, mußte man auf Quellen zurückgreifen, die mit Einzelschicksalen eng verbunden waren und erst in der Masse Aussagekraft für eine breitere Bevölkerung gewannen. Die naturgemäß aufwendige Auswertung erlaubte zunächst nur Studien über einzelne Regionen, Branchen und Betriebe. Diese Forschungen herrschten etwa von den 1960er bis Mitte der 1980er Jahre vor. Je nach Untersuchungsgebiet, Quellengattung und Forschungsinteresse kamen unterschiedliche Aspekte ans Licht.

Regionaluntersuchungen

Eines der ältesten Werke dieser Art ist das von WOLFGANG KÖLLMANN über die Sozialgeschichte der Stadt Barmen [260], das schon 1960 erschien und die Arbeiterschaft in dieser so früh durch die Textilindustrie geprägten Stadt eingehend untersuchte. Ebenfalls schon 1960 erschien die Arbeit von RUDOLPH STRAUSS über die Arbeiter in Chemnitz. Damit war ein anderes Zentrum relativ früher Industrialisierung angesprochen. Erstaunlich für eine DDR-Veröffentlichung war die Betonung der Aufstiegsmöglichkeiten zum Unternehmer, die sich mit der Industrialisierung den Facharbeitern geboten haben [219: 56]. Ein sehr lebendiges Bild der Verhältnisse in der ländlichen Textilindustrie hat Rudolf Braun gezeichnet [230: BRAUN, Sozialer ... Wandel]. Dabei hat er die ländliche Lebensgrundlage der Arbeiterschaft in der deutschsprachigen Schweiz herausgearbeitet, auch das hohe Maß an Geschicklichkeit, das die formal ungelernten Arbeiterinnen erwerben mußten, um erfolgreich ihre Tätigkeit ausüben zu können, und besonders nachdrücklich hat er den Disziplinierungsprozeß dargestellt, dem die Arbeiter und Arbeiterinnen in der Textilindustrie unterworfen waren. Diese Untersuchung wurde später ergänzt durch die von PETER BORSCHEID über die Arbeiter in der württembergischen Textilindustrie [229], der sein Augenmerk vor allem auf die Wanderungen gerichtet hat, die sich aus dem ländlichen, heimindustriell geprägten Raum in die Industrieorte bewegten.

Themenschwerpunkt Textilindustrie

Er und Heilwig Schomerus in ihrer Untersuchung der Arbeiter in der Maschinenfabrik Esslingen [292: SCHOMERUS, Esslingen] haben u. a. die sogenannten „Inventuren und Teilungen" als Quellen benutzt, amtliche Aufzeichnungen über die Vermögensverhältnisse, die über jeden Einwohner bei Heirat und Tod angefertigt wurden. Zusammen mit anderen Quellen erlaubten sie es, die Lage der Arbeiter und Arbeiterinnen sehr genau nachzuvollziehen. Auf diese Weise konnten „Gruppenbiographien" (Borscheid) erarbeitet werden. Heilwig Schomerus stellte damit z. B. eine typische Altersverarmung der Arbeiter fest. Die Auswertung dieser Quellen erforderte elektronische Datenverarbeitung. Dies war in den 1970er Jahren noch eine Pionierarbeit.

Untersuchung einzelner Belegschaften

Auch andere Arbeiten dieser Zeit widmeten sich den Belegschaften einzelner Werke, so die von GÜNTHER SCHULZ den Arbeitern und Angestellten von Felten & Guilleaume in Köln, die von RUPIEPER den Arbeitern der M.A.N. und die von VETTERLI den Metallarbeitern der Georg Fischer AG in Schaffhausen [295; 285; 305].

Persönliche Erfahrungen hat Klaus Tenfelde für seine Sozialgeschichte der Ruhr-Bergarbeiterschaft nutzbar gemacht [300: TENFELDE, Sozialgeschichte]. Er hat vor allem gezeigt, wie sich unter dem Einfluß von tatsächlicher sozialer Lage und industriell-kapitalistischer Entwicklung die gesellschaftlichen Vorstellungen der Bergleute allmählich von einem Standes- zu einem Klassenbewußtsein gewandelt haben, was sich natürlich auch in Organisationsbildung und Arbeitskämpfen niederschlug.

Bergarbeiterschaft

Der Klassenbildungsprozeß ist ebenfalls das Thema von Hartmut Zwahrs Untersuchung des Leipziger Proletariats gewesen [310: ZWAHR, Konstituierung]. Er hat, fußend auf den sog. Schutzregistern der Stadt Leipzig, unter anderem untersucht, von wann an das Leipziger Proletariat eine kompakte, von bürgerlichen und vorbürgerlichen Schichten scharf getrennte Masse gebildet hat. Dazu ist er z. B. Verwandtschaftsverhältnissen, der sozialen und regionalen Mobilität, Patenschaften u. ä. nachgegangen.

Klassenbildungsprozeß

GERHARD SCHILDT hat sich bemüht, den Prozeß der Klassenbildung in Braunschweig nachzuzeichnen, wie er sich unter dem Einfluß von sozialer Lage und vorindustriellen Mentalitäten vollzogen hat. Weil sich die braunschweigische Arbeiterschaft zu einem großen Teil aus der ländlichen Unterschicht rekrutiert hat, sind von ihm stärker als von den anderen Autoren die sozialen und mentalen Gegebenheiten des Landes berücksichtigt worden, die die Bildung der Arbeiterklasse in dieser mittelbäuerlich geprägten Region beeinflußt haben [216: SCHILDT, Tagelöhner].

Soziale Lage und politisches Handeln

Den sozialen Hintergrund der Arbeiterbewegung hat HELGA KUTZ-BAUER für die Hamburger Region dargelegt. Ihre Studie bestätigte mit einer Fülle neuen Materials die These, daß die Arbeiterbewegung vorwiegend von den besser qualifizierten und bezahlten Arbeitern getragen wurde. Diese waren aber trotz ihrer besseren Lage nie wirklich gegen Notfälle gesichert. Auch das Vordringen sozialdemokratischer Überzeugungen in das Kleinbürgertum hat Helga Kutz-Bauer nachzeichnen können [262].

Aufsatzsammlungen

Den genannten Werken können manche andere an die Seite gestellt haben. Vieles hat sich auch in Aufsätzen niedergeschlagen, und zwar nicht nur in den einschlägigen Fachzeitschriften, sondern relativ häufig auch in Aufsatzsammlungen [z. B. 140: FISCHER/BAJOHR (Hrsg.), Soziale Frage; 133: BRAUN (Hrsg.), Gesellschaft; 169: POHL (Hrsg.), Forschungen; 136: CONZE/ENGELHARDT (Hrsg.), Arbeiter im Industrialisierungsprozeß; 137: DIES. (Hrsg.), Arbeiterexistenz; 157: LANGEWIESCHE/SCHÖNHOVEN (Hrsg.), Arbeiter; 150: HERZIG u. a. (Hrsg.), Arbeiter in Hamburg; 132: BERGMANN u. a. (Hrsg.), Arbeit; 167: PAETAU/RÜDEL (Hrsg.), Arbeiter]. Das ist ein Indiz für das nachhaltige Interesse, auf das diese Forschungen stießen. Daneben entstand eine Reihe von Untersuchungen zu Einzelaspekten der Arbeiterschaft, z. B. zu den Ernährungsgewohnheiten, dem Freizeitverhalten, den Wohnverhältnissen, der Urbanisierung, der regionalen und sozialen Mobilität der Arbeiterschaft oder allgemein der Unterschichten [Literatur bei 154: KASCHUBA, Lebenswelt].

Die Forschungen über die Geschichte der Arbeiter und die über die Arbeiterbewegung zu einem konsistenten Bild zusammenzufügen war seit Beginn der 1980er Jahre ein starkes Bedürfnis. Den ersten Schritt dazu unternahm JÜRGEN KOCKA mit seiner kleinen Schrift über Lohnarbeit und Klassenbildung in Deutschland [205]. Gleichzeitig wurde ein großes, mehrbändiges Werk in Angriff genommen, das die Fülle der sozial-, organisations- und geistesgeschichtlichen Forschungen in einer großen Synthese zusammenzufassen unternahm, nämlich die zunächst auf 11 Bände angelegte „Geschichte der Arbeiter und der Arbeiterbewegung in Deutschland seit dem Ende des 18. Jahrhunderts", herausgegeben von GERHARD A. RITTER. Das Werk ist bisher nur teilweise fertiggestellt. Die ersten beiden Bände, die sich mit den Voraussetzungen der Klassenbildung beschäftigen, hat JÜRGEN KOCKA vorgelegt [206; 207], von GERHARD A. RITTER und KLAUS TENFELDE ist der Band über die Arbeiterschaft im Kaiserreich erschienen [282], und auch die drei Bände von HEINRICH AUGUST WINKLER über die Arbeiterklasse in der Weimarer Republik liegen vor [356; 357; 358]. War zunächst geplant, das Werk mit dem Untergang der Weimarer Republik enden zu lassen, so ist jetzt eine Erweiterung bis zur Gegenwart vorgesehen. Man darf gespannt sein, ob die Forschungen zur Geschichte der Arbeiterschaft damit einen gewissen Abschluß finden und die Geschichtswissenschaft sich schwerpunktmäßig anderen Themen zuwenden wird oder ob die Arbeitergeschichte weiterhin so intensiv betrieben werden wird wie in den letzten Jahrzehnten.

Synthesen

Neben diesem großen im Entstehen begriffenen Werk gibt es eine Reihe von kleineren Überblicken, so vor allem das gedanken- und materialreiche Werk von JOSEF MOOSER [165: Arbeiterleben] oder – zur Geschichte der Arbeiterbewegung – die Darstellungen von HELGA GREBING [145; 146] und speziell zur Geschichte der Gewerkschaften das Werk von KLAUS SCHÖNHOVEN [176]. Das Bedürfnis nach einer Synthese der vielen sozialgeschichtlichen Forschungsergebnisse will in einem noch umfassenderen Sinne die deutsche Gesellschaftsgeschichte befriedigen, die HANS-ULRICH WEHLER in Arbeit hat [220]. Er unternimmt es, das Gesamtgefüge der deutschen Gesellschaft darzustellen. Bisher sind zwei Bände erschienen. Man kann diesem Werk die Deutsche Geschichte von THOMAS NIPPERDEY an die Seite stellen, die dasselbe Ziel verfolgt hat [210].

Einbettung der Arbeitergeschichte in die Geschichte der gesamten deutschen Gesellschaft

Die Geschichtsschreibung der DDR hat sich von jeher besonders intensiv der Arbeiterbewegung zugewandt. Sie war dabei von dem Bestreben geleitet, besonders revolutionäre Ereignisse und Strömungen zu unterstreichen, schon um feindlichen oder retardierenden Kräften Verrat an der Arbeiterklasse vorwerfen zu können. Erscheinungen, die nicht dem Erwarteten oder Gewünschten entsprachen, wurden leicht ignoriert oder als Zeichen von falschem Bewußtsein, Unreife oder Revisionismus abgewertet. Diese Geschichtsschreibung wurde in einer achtbändigen „Geschichte der deutschen Arbeiterbewegung" zusammengefaßt und vom Institut für Marxismus-Leninismus beim ZK der SED herausgegeben [144]. Neben den beschriebenen Tendenzen fällt an diesem Werk auf, daß in einem erstaunlichen Maße das soziale Le-

Das offizielle Werk der DDR

ben der Arbeiterschaft hinter der Organisationsgeschichte zurücktritt. Eine Untersuchung wie die von ZWAHR über die Bildung des Leipziger Proletariats mit ihren eingehenden sozialgeschichtlichen Forschungen [310: Konstituierung] war in der DDR relativ isoliert, wenn auch nicht völlig vereinzelt [z. B. eng anlehnend 255: KABUS].

Die Materialsammlung Kuczynskis

Eine Sonderstellung nimmt das umfangreiche Werk von Jürgen Kuczynski ein. Es handelt sich um eine Sammlung von meist belanglosem und zufälligem Material, oft unzureichend und irreführend kommentiert, offensichtlich in der Absicht zusammengestellt, den Kapitalismus anzuklagen, aber dazwischen befinden sich sozialgeschichtlich außerordentlich wertvolle Stücke, die zentrale Phänomene des sozialen Lebens verdeutlichen und die deshalb immer wieder von der Forschung herangezogen werden [83: KUCZYNSKI, Geschichte der Lage].

Alltagsgeschichte

In den letzten Jahren zeichnet sich mehr und mehr eine Tendenz zur Alltagsgeschichte ab, vielfach mit den Methoden der *oral history* betrieben. Diese „Geschichte von unten" ist umstritten. Hans-Ulrich Wehler z. B., einer der engagiertesten Vertreter einer „historischen Sozialwissenschaft", hat der Alltagsgeschichte vorgeworfen, es fehle ihr an klaren Begriffen, sie übersehe überpersönliche Mächte, sie sei blind für Strukturen in der Geschichte und liebäugele mit einer gewissen Rückständigkeit. Sie könne deshalb weder eine emanzipatorische Wirkung entfalten noch überhaupt zu allgemeinen Erkenntnissen gelangen [189: WEHLER, Aus der Geschichte, 136 ff.]. Vertreter der Alltagsgeschichte, die sich z. B. in einem von Alf Lüdtke herausgegebenen Band geäußert haben, betonen dagegen, daß das historische Leben selbst sich in alltäglichem Verhalten äußert, ja daß das Alltagsverhalten das historische Leben erst schafft. Die Betroffenheit von Menschen, die einem historischen Prozeß ausgesetzt waren, werde übersehen, wenn der Historiker mit vorgefertigten Theorien seinem Gegenstand gegenübertrete, und nur die Nähe zu den Opfern erzeuge das Gefühl der Solidarität mit ihnen [158: LÜDTKE, Alltagsgeschichte]. Die Diskussion darüber ist noch nicht abgeschlossen.

2. Probleme und Desiderate

2.1 Der Pauperismus

Seit den Forschungen ABELS [191: Massenarmut], CONZES [197: „Pöbel"] und KÖLLMANNS [156: Bevölkerung] weiß die Geschichtswissenschaft, daß Deutschland und Europa sich in den Jahrzehnten um 1800 in einem Zustand tiefen Massenelends befunden haben. Conzes Aussage, daß „mindestens 50 bis 60% der Bevölkerung ... knapp, ja dürftig und in Krisenzeiten elend und gefährlich lebten“ [197: „Pöbel“, 347], wird zwar häufig zitiert, aber ihr dramatischer Ernst wird kaum wahrgenommen. Die Möglichkeit des Verhungerns war viele Jahrzehnte lang für einen großen Teil der Gesellschaft eine reale Gefahr. Alle Angehörigen der Unterschichten haben zeitweise manifesten Hunger am eigenen Leibe gespürt. Dies gilt auch für die Träger der Arbeiterbewegung.

Ausmaß des Massenelends

Die Landwirtschaft war in diesen Jahrzehnten nicht imstande, die stark gewachsene und noch weiter wachsende Bevölkerung ausreichend zu ernähren. Diese Grundgegebenheit hatte die meisten Erscheinungen der Proto- und Frühindustrialisierung zur unvermeidlichen Folge, nämlich niedrige Löhne, Arbeitslosigkeit, überlange Arbeitszeiten, Frauen- und Kinderarbeit, schlechte Wohnverhältnisse mit elenden hygienischen Bedingungen, z. T. die hohe Kindersterblichkeit, auch die Tatsache, daß die der industriellen Konkurrenz erliegenden Weber keine Ausweichmöglichkeiten hatten. Daß diese Erscheinungen zusammenhängen, ist von der Geschichtswissenschaft lange übersehen worden. Sie wurden häufig nur additiv nebeneinandergestellt oder pauschal der frühkapitalistischen Ausbeutung angelastet.

Die Übervölkerung und ihre Folgen

Es wäre sinnvoll, dabei dem Zusammenhang von Industrialisierung und Pauperismus nachzugehen. Es scheint, daß die vorangegangenen anderthalb Jahrhunderte die wissenschaftlich-technischen, merkantilen und mentalen Voraussetzungen für die industrielle Entwicklung ausgebildet haben und daß sie gleichzeitig das nachhaltige, von keinen Katastrophen unterbrochene Wachstum der Bevölkerung ermöglicht haben, so daß Frühindustrialisierung und Massenelend nahezu gleichzeitig als Folge eines Zeitalters der Rationalität ins Leben treten konnten. Forschungen zu diesen Zusammenhängen sind dringend erwünscht.

Gemeinsame Ursachen für Massenelend und industriell-gewerbliche Entwicklung?

Ungeklärt ist auch, wie lange der Pauperismus währte. Damit stellt sich die Frage nach der Meßbarkeit von Elend, d.h. die Frage nach dem Existenzminimum und dem Lebensstandard. Die Untersuchungen auf diesem Gebiet sind in einem hohen Maße unbefriedigend. Fast immer wird Existenzminimum wie das sozial Zumutbare verwendet. Damit verliert der Begriff nahezu jede Aussagekraft. Wie und wann sich die Lage der Unterschichten änderte, ist nur ansatzweise erhellt [300: Tenfelde, Sozialgeschichte, 307 ff.], denn die Untersuchungen zur Entwicklung der Reallöhne und zu anderen Indikatoren des Lebensstandards sind mit vielen Unzulänglichkeiten behaftet [zur Kritik der verschiedenen Ansätze 216: Schildt, Tagelöhner, 378 ff.].

Probleme des Lebensstandards und des Existenzminimums

Überwindung des Pauperismus

Man wird sagen können, daß der Pauperismus nicht nur für die verschiedenen Regionen, sondern vor allem für die verschiedenen Sozialschichten unterschiedlich lange wirksam war. Erst die durch eine gestiegene industrielle Produktion bezahlbare und durch Eisenbahn und Dampfschiffahrt technisch durchführbare Masseneinfuhr landwirtschaftlicher Güter ermöglichte es etwa seit den 1870er Jahren, das Massenelend zu beenden. Die Einzelheiten dieser Entwicklung sind durchaus bekannt. Es ist jedoch ein Desiderat, die Wirkungszusammenhänge zwischen diesen Bereichen der Agrar-, Handels-, Technik- und Sozialgeschichte aufzuklären.

2.2 Die vorindustriellen Unterschichten

Es besteht Einigkeit darüber, daß die Industriearbeiterschaft im wesentlichen aus Gesinde, Landarbeitern, Heimarbeitern, ungelernten städtischen Arbeitern und Handwerksgesellen zusammengewachsen ist [207: Kocka, Arbeitsverhältnisse]. Die neuere Sozialgeschichte hat es sich deswegen angelegen sein lassen, diese Gruppen zu untersuchen. Dabei ist das Augenmerk vor allem auf die strukturellen Entwicklungen und die soziale Lage gerichtet worden. Die Mentalitäten, die Kampf- und Protestmethoden, die politischen Hoffnungen und Sympathien sind nicht in gleicher Weise beleuchtet worden.

Ungenügende Erforschung der Mentalität vorindustrieller Unterschichten

Es muß z. B. mißtrauisch machen, daß erst seit Ende der 70er Jahre die reiche Organisations- und Kampftradition der Handwerksgesellen ins Bewußtsein gerückt ist [201: Griessinger, Symbolisches Kapital]. Der ältere Forschungsstand wird etwa an dem verdienstvollen Werk von Frolinde Balser über die Arbeiterverbrüderung von 1848 deutlich: sie bewundert verständlicherweise die karitative Tätigkeit dieser Organisation, aber weiß nicht, daß es sich um die Fortführung oder Wiederaufnahme jahrhundertealter Gesellentraditionen gehandelt hat [192]. An sich waren diese Traditionen bekannt [221: Wissell], waren aber von der Geschichtsschreibung der Arbeiterbewegung als „zünftlerisch" ausgeblendet und von der Volkskunde als „Brauchtum" gleichsam verschüttet worden.

Lange Ignorierung der Gesellentraditionen

Weniger weiß man über das Fortleben der Gesellenorganisationen. Fast überall waren sie durch die Ländergesetze verboten. 1840 wurden diese Verbote durch den Deutschen Bund bestätigt und vereinheitlicht. Solche Verbote waren von den Gesellenbruderschaften schon immer ignoriert worden, in welchem Maße das auch jetzt geschah, ist unbekannt. Schlagartig erloschen sie jedenfalls nicht [216: Schildt,

Ende der Gesellenbruderschaften ungeklärt

Tagelöhner, 259 ff.]. Zum Teil konnten sie als „Unterstützungskassen" mit behördlicher Duldung weiterbestehen [213: REININGHAUS], und wenigstens regional hat es Kontinuitäten zur entstehenden Arbeiterbewegung gegeben [202: HERZIG, Vereinswesen].

Es ist nicht ausgemacht, daß nicht auch für andere vorindustrielle Bevölkerungsteile bedeutsame Entdeckungen gemacht werden können. Daß z. B. Arbeitsniederlegungen zu den erfolgreich angewandten Kampfmethoden wenigstens der Oberharzer Bergleute im 18. Jahrhundert gehört haben, hat erst in jüngster Zeit Bartels nachgewiesen [193: BARTELS, Montangewerbe]. Daß ländliche und städtische Tagelöhner in Preußen 1848 z. T. auf der Seite der Fürsten gestanden haben, ist kaum bekannt [200: GAILUS, Straße, 431]. Daß eine solche Haltung, die mit einer massiven Feindschaft gegen die landbesitzende Bevölkerung einherging, die entstehende Industriearbeiterschaft beeinflußt hat, ist nicht unwahrscheinlich. Zumindest ist sie aufschlußreich im Zusammenhang mit der Tatsache, daß die Sozialdemokratie die Landarbeiterschaft nie recht erreichen konnte [264: LEHMANN, 167: RÜDEL, in PAETAU/RÜDEL (Hrsg.), Arbeiter, 169 ff.]. Auch über das Verhalten der Leineweber oder der Eisenbahnarbeiter während der 48er Revolution wüßte man gerne mehr. Zwar sind wir über den vorindustriellen Protest mittlerweile recht gut informiert [200: GAILUS, Straße; 203: HUSUNG, Protest], aber der Maschinensturm verdiente trotz mancher Ansätze eine breitere Untersuchung, obwohl er ja in Deutschland eine geringere Rolle gespielt hat als in England und Frankreich. Eine gründlichere Erforschung der vorindustriellen Traditionen würde das Neuartige der Arbeiterbewegung besser erkennen lassen.

Offene Fragen zu dem Verhalten der Unterschichten

Entkirchlichung

Wenig bekannt ist schließlich, daß die Entkirchlichung wenigstens im protestantischen Deutschland schon vor der Industrialisierung begonnen hatte [254: HÖLSCHER, 148]. Forschungen dazu sind nur sporadisch von kirchenhistorischer und volkskundlicher Seite vorgenommen worden, obwohl die Kirchenfeindschaft das Klima in der Arbeiterbewegung bis in die Weimarer Republik bestimmt hat und zur Isolierung der Arbeiterbewegung bedeutend beigetragen hat. Die nur teilweise erfolgreichen Anstrengungen der Kirchen, der Entkirchlichung entgegenzuwirken, vor allem ihre karitativen Bemühungen, sind dagegen vergleichsweise häufig untersucht worden.

Wenn man sich vergegenwärtigt, daß die vorindustriellen Unterschichten bis zu den 1970er Jahren für die Geschichtswissenschaft weithin eine *quantité négligeable* gewesen sind, dann sind die Fortschritte auf diesem Gebiete zwar außerordentlich groß, aber der Forschungsstand ist noch nicht befriedigend.

2.3 *Der Klassenbegriff*

Die marxistische Forschung hat der nichtmarxistischen häufig vorgeworfen, sie ignoriere den Klassencharakter der Arbeiterschaft und löse diese dadurch in einzelne Vereine, Grüppchen, Belegschaften und Individuen auf. Deshalb sei die Gesamtwirkung der Arbeiterschaft nicht mehr zu erkennen. Dieser Vorwurf war teilweise berechtigt. Daß die Arbeiter in der westdeutschen Wissenschaft oft nicht als Angehörige einer Klasse angesprochen wurden, lag z. T. an der Spezialisierung der Forschung und z. T. daran, daß die SED vergangene Klassenstrukturen mißbrauchte, um ihre gegenwärtige Herrschaft zu legitimieren. Westdeutsche Wissenschaftler scheuten sich deshalb bis in die 1960er Jahre, den Klassenbegriff zu verwenden, um sich nicht dem Vorwurf des Marxismus auszusetzen [189: WEHLER, Lernen, 158].

Klassenbegriff durch die westdeutsche Wissenschaft lange vernachlässigt

Der Historiker interessiert sich vorwiegend für das in der Geschichte, was wirkt. Er beschäftigt sich mit Klassen, weil er sie für etwas Wirkmächtiges hält, nicht nur für Objekte, sondern auch für Subjekte der Geschichte. Das entspricht auch dem vorwissenschaftlichen Verständnis. Der Aspekt des Handelns muß in den Klassenbegriff eingeschlossen werden. Jürgen Kocka hat deswegen dargelegt, daß eine Klasse zum einen bestimmt ist durch eine gemeinsame Lage im Wirtschaftsleben, im Falle der Arbeiterklasse dadurch, daß die Arbeiter gezwungen sind, ihre Arbeitskraft auf einem Arbeitsmarkt zu verkaufen. (Man müßte hinzufügen, daß zur gemeinsamen Lage auch die Ähnlichkeit der körperlichen Arbeit in Industrie und Gewerbe gehört, denn Landarbeiter und Büroangestellte befinden sich trotz der gemeinsamen Lohnabhängigkeit in einer verschiedenen Klassenlage.) In einem zweiten Schritt kann aus dieser gemeinsamen Lage ein Bewußtsein der Betroffenen von dieser Lage und von ihren gemeinsamen Interessen erwachsen, woraus drittens ein gemeinsamer Kampf zur Durchsetzung dieser Interessen entstehen kann [205: KOCKA, Lohnarbeit, 24 f.]. Ritter und Tenfelde sprechen von den „Markt- und Lebenslagen", die die Konstituierung von Klassen bewirken, und ihrem „so veranlaßten kollektiven Verhalten, das sich vornehmlich in Auseinandersetzungen mit dem Klassengegner formiert und in spezifischen Interessen und politischen Zielen artikuliert" [282: RITTER/TENFELDE, Arbeiter, 127]. Ein solcher Klassenbegriff deckt sich mit dem, was man im vorwissenschaftlichen Raum unter Klasse versteht, und er ist, bei aller verbleibenden Unschärfe, die er mit anderen historischen Begriffen teilt, hinreichend operationalisierbar. Er entspricht der Marxschen Unterscheidung von „Klasse an sich", die durch ihre soziale Lage charakterisiert

Die Arbeiterklasse als handelndes Subjekt

Marx: „Klasse an sich" und „Klasse für sich"

ist, und „Klasse für sich", die in gemeinsamem Bewußtsein einen Klassenkampf führt [18: MEW, Bd. 4, 180f.].

Nicht alle westdeutschen Wissenschaftler, die sich mit der Arbeiterschaft und der Arbeiterbewegung beschäftigen, halten den Begriff der Klasse für hilfreich [340: PAETAU, 33 ff.]. Die meisten berufen sich auf MAX WEBER, der zwischen Besitz-, Erwerbs- und sozialen Klassen unterschieden hat [187: 177 ff.]. Der Webersche Klassenbegriff scheint die Vielfalt des historischen Lebens besonders gut zu erfassen, er ist deshalb z.B. von Hans-Ulrich Wehler geradezu enthusiastisch gepriesen worden [189: WEHLER, Lernen]. Von dem Soziologen Stefan Hradil ist er dagegen als unbrauchbar abgelehnt worden, weil er die Sozialstruktur zu stark differenziert, ja „atomisiert" [403: HRADIL, Sozialstrukturanalyse, 63].

Der Webersche Klassenbegriff

Der Marxschen Begrifflichkeit folgend, hat Hartmut Zwahr als konstituierende Momente für die Arbeiterklasse herausgearbeitet: die unselbständige gewerbliche Lohnarbeit (die „ökonomische Konstituierung" des Proletariats), die engen Sozialbeziehungen innerhalb des Proletariats (die „soziale Konstituierung") und die Herausbildung der Arbeiterbewegung (die „politisch-ideologische Konstituierung" des Proletariats) [310: ZWAHR, Konstituierung]. Ganz in solchen Gedankengängen spricht Wehler von der ökonomischen, sozialen, politischen und kulturell-ideologischen Formierung des Proletariats [220: WEHLER, Gesellschaftsgeschichte, Bd. 2, 243]. Einigkeit besteht jedenfalls auch bei den Historikern, die der Weberschen Begrifflichkeit folgen, daß gemeinsame Lage, gemeinsames Bewußtsein und gemeinsamer Kampf die Merkmale einer voll entwickelten Klasse ausmachen.

Gemeinsamkeit von Lage, Bewußtsein und Kampf als Merkmal einer Klasse

Das Klassenbewußtsein der Arbeiterschaft müßte nicht unbedingt ein marxistisches sein. Es könnte auch ein durch Lassalle geprägtes oder ein christliches oder vielleicht sogar ein liberales Arbeiter-Klassenbewußtsein geben. Richtig ist jedoch, daß ein in den Arbeitermassen verbreiteter Marxismus ein proletarisches Klassenbewußtsein anzeigt. Andere Überzeugungen sind nicht hinreichend, um von einem proletarischen Klassenbewußtsein zu sprechen, der Marxismus ist hinreichend. Es ist deshalb nicht abwegig, nach marxistischen Überzeugungen in der Arbeiterschaft zu suchen, wenn man feststellen will, ob sich ein gemeinsames Klassenbewußtsein ausgebildet hatte.

Bedeutung des Marxismus für das proletarische Klassenbewußtsein

Da massenhaftes Auftreten in demonstrativer Absicht zu den traditionellen Kampfmethoden der Arbeiterklasse gehörte, betrat sie in bestimmten Situationen als sichtbarer Akteur die historische Bühne. Man konnte deshalb die Arbeiterklasse gelegentlich in politischer Aktion real sehen.

Das Verhältnis von Klassenlage, -bewußtsein und -kampf ist im übrigen von einigen Implikationen bestimmt, die leicht übersehen werden. Vor allem bestimmt nicht immer das Sein das Bewußtsein. Genauer gesagt: trotz gemeinsamer Klassenlage entsteht nicht immer gemeinsames Bewußtsein und gemeinsamer Kampf. Der Prozeß der Klassenbildung kann steckenbleiben. Ein Musterbeispiel für einen nicht zum Durchbruch gekommenen Klassenbildungsprozeß bieten die Landarbeiter. Es hat sie etwa 200 Jahre gegeben (von der Mitte des 18. bis zur Mitte des 20. Jahrhunderts), sie haben in den mittelbäuerlichen und gutsherrlichen Gebieten Deutschlands zeitweise den größten Teil der Bevölkerung gebildet, und ihre Lebenslage war in extremem Maße davon bestimmt, daß sie den Landbesitzern wirtschaftlich, oft rechtlich und in jedem Fall politisch unterworfen waren. Trotzdem haben sie kaum ein gemeinsames Bewußtsein ihrer Lage entwickelt, und sie haben, von ganz schwachen Ansätzen um 1848 abgesehen, nie einen gemeinsamen Kampf für ihre Interessen geführt. Sie haben niemals auf die Gesetzgebung eingewirkt, keine Partei gegründet, nicht einmal einen nennenswerten Interessenverband ins Leben gerufen, geschweige denn Revolution gemacht und Staatsform und Sozialordnung gestaltet.

Die Landarbeiter als nicht voll ausgebildete Klasse

Schließlich: so wie es Stockungen im Klassenbildungsprozeß gibt, so gibt es auch Rückbildungen. Klassenkämpfe können eingestellt werden, Klassenbewußtsein kann schwinden, eine besondere Klassenlage kann sich mehr oder minder auflösen.

Auflösung von Klassen

Auch muß völlig offenbleiben, ob in einer durch Klassenstrukturen geprägten Gesellschaft wirklich alle Teile der Gesellschaft sinnvoll Klassen zugeordnet werden können. Ebenso bleibt offen, ob in allen Gesellschaften und zu allen Zeiten Klassenstrukturen bedeutungsvoll gewesen sind.

Neben der Klassenstruktur gibt es immer auch „konkurrierende Strukturen" [205: Kocka, Lohnarbeit, 29]. Das heißt, daß neben der Zugehörigkeit zu einer Klasse z. B. auch die zu einem bestimmten Volk, einem Geschlecht, einer Konfession eine Rolle spielt. Je nachdem, ob diese „konkurrierenden Strukturen" bedeutungsloser oder bedeutungsvoller sind, ist die Klassenstruktur mehr oder minder ausgeprägt. Klassenstrukturen sind in der Gesellschaft nie allein wirksam. Der Klassenbildungsprozeß ist nie ganz vollendet, aber auch die Rückbildung einer Klasse nie ganz abgeschlossen. Immer handelt es sich um ein Mehr oder Weniger von Klassenstruktur [205: Kocka, Lohnarbeit, 29 f.].

Konkurrierende Strukturen

Die Arbeiterklasse ist die Klasse *par excellence.* Auf andere Teile der Gesellschaft ist der Klassenbegriff schwerer anzuwenden. Z. B. ist es durchaus fraglich, ob man das Bürgertum insgesamt als eine Klasse ansprechen soll oder ob nicht z. B. eine Unternehmerklasse konstatiert werden soll, unterscheidet sie sich doch durch soziale Lage, Interessen und Bewußtsein deutlich von allen anderen Teilen der Gesellschaft, auch etwa vom Bildungsbürgertum. Andererseits sind gemeinsames Handeln und gemeinsames Interesse des gesamten Bürgertums etwa gegenüber Adel und monarchischer Gewalt und gegenüber der Arbeiterschaft unübersehbar.

Das Bürgertum als Klasse?

Solche Schwierigkeiten, die bei der Anwendung des Klassenbegriffs entstehen, entheben die Historiker nicht von der Pflicht, Klassenstrukturen dort zu beschreiben und zu analysieren, wo sie bestanden haben.

2.4 Der Zeitraum der Klassenbildung

Wann die Arbeiterklasse entstanden ist, läßt sich zwar nur ungefähr bestimmen, weil es sich immer um ein Mehr oder Weniger von Klassenstruktur handelt, trotzdem muß dieser Zeitraum in etwa angegeben werden.

Marx und Engels haben schon 1847/48 im Kommunistischen Manifest das Proletariat als „wirklich revolutionäre Klasse" angesprochen und hinzugefügt, gerade in Deutschland sei die proletarische Revolution in Kürze zu erwarten [18: MEW, Bd. 4, 472, 493]. Es stellt sich deshalb die Frage, ob es etwa um 1848 in Deutschland schon eine Arbeiterklasse gegeben hat, wie es wiederholt behauptet wird [219: STRAUSS, Lage und Bewegung, 243, 349; 208: MARQUARD, Aufstieg]. Diese Frage ist auch bedeutungsvoll für die Analyse der 48er Revolution, besonders für die Gründe ihres Scheiterns.

Folgende Argumente ließen sich etwa für einen frühen Abschluß der Klassenbildung (ungefähr um 1848) geltend machen:

a) die Lohnarbeit sei in den Städten die absolut dominierende Arbeitsform geworden, d. h., die Arbeiter verkauften ihre Arbeitskraft auf einem Markt, sie seien nicht mehr in patriarchalische Verhältnisse eingebunden gewesen;
b) es habe keine nennenswerten Aufstiegschancen mehr für die meisten Handwerksgesellen und die Angehörigen der unterhandwerklichen Schichten gegeben;

Argumente für eine frühe Bildung der Arbeiterklasse

c) es habe schon seit 1830, aber vermehrt seit 1848 vielerlei Kampferfahrungen der Arbeiterschaft gegeben, und zwar in Form von Demonstrationen, Arbeitsverweigerungen, Zerstörungen bis hin zum bewaffneten Straßenkampf;

d) es habe sich ein gemeinsames Klassenbewußtsein abgezeichnet etwa in der Überzeugung, alle Arbeiter würden gleicherweise von den kapitalistischen Unternehmern ausgebeutet;
e) es habe ein enger sozialer Zusammenhalt zwischen allen Angehörigen der Arbeiterschaft bestanden.

Diese Argumente sind jedoch nicht stichhaltig genug, um von einer ausgebildeten Arbeiterklasse um 1848 sprechen zu können. Zwar ist es richtig, daß sich die Lohnarbeit um die Jahrhundertmitte durchgesetzt hatte, aber dies war keine so neue Erscheinung. Schon um 1800 war Lohnarbeit weit verbreitet. Neu war in der Stadt im wesentlichen, daß die Handwerksgesellen allmählich aufhörten, im Hause ihres Meisters zu schlafen und zu wohnen, daß sie also auf einen Teil der Naturalentlohnung zugunsten eines höheren Geldlohns verzichteten. Neu war auch der Rückgang des männlichen Gesindes in der Stadt. Diese Entwicklungen zogen sich aber lange hin und waren erst am Jahrhundertende ungefähr abgeschlossen. Selbst auf dem Lande hatte es um 1800 schon in beträchtlichem Maße Lohnarbeit gegeben. Die Dominanz der Lohnarbeit war eine notwendige, aber nicht eine ausreichende Voraussetzung für die Klassenbildung.

Dominanz der Lohnarbeit nicht ausreichend für die Bildung der Arbeiterklasse

Die meisten Gesellen und nahezu alle Angehörigen der unterhandwerklichen Bevölkerung konnten um 1848 nicht mehr eine selbständige bürgerliche Existenz begründen und erwarteten das auch nicht. Neben ihnen gab es aber die sogenannten Elitegesellen, die selbständige Meister und z.T. sogar Unternehmer wurden [208: MARQUARD, Aufstieg; 216: SCHILDT, Tagelöhner, 188ff.]. Marquard schätzt ihren Anteil an den Berliner Handwerksgesellen auf 20 bis 33% [208: 49]. Dies waren Abkömmlinge des Bürgertums, die spätestens nach der Niederlassung als Meister wieder ins Bürgertum zurückkehrten. Man wird angesichts dieser Verhältnisse zögern, die anderen Handwerksgesellen als Kern einer neuen Klasse anzusehen, zumal der Übergang zwischen Elitegesellen und anderen Gesellen fließend war.

Aufstiegsmöglichkeiten im Handwerk

Die Wirksamkeit der aufstiegsfähigen und -bestrebten Gesellen ist übrigens in ihrem politischen-sozialen Verhalten durchaus festzustellen. So wandelten sich viele Ortsvereine der Arbeiterverbrüderung in der Reaktionszeit in Fortbildungsanstalten, die Kurse in Mathematik, Zeichnen und Fremdsprachen anboten, dies nicht nur wegen des amtlichen Drucks, sondern auch wegen des Bedürfnisses der Gesellen nach solchen Schulen. Auch wollten die sogenannten Arbeitervereine 1848 nicht nur die Lage der Arbeiter verbessern, sondern auch den Aufstieg erleichtern. Die Arbeiterkongresse stellten 1848 nicht nur Forderungen auf, die im Interesse der Gesellen lagen, sondern auch solche im Interesse der Meister, weil viele der Deputierten selbst noch eine selbständige bürgerliche Existenz erwarteten [216: SCHILDT, 265].

Kämpfe können schließlich nur dann als Kennzeichen einer Arbeiterklasse gelten, wenn sie auch für die Ziele dieser Klasse geführt werden. Natürlich ereigneten sich zahlreiche Kämpfe für reine Arbeiterforderungen, gewissermaßen auf der Klassenlinie Arbeiter gegen Besitzende. Aber daneben gab es häufig Kämpfe von Arbeitern und Bürgern gemeinsam für Partizipation und Nationalstaat. Zwar ließe sich in solchen Fällen von Klassenbündnissen reden, aber der Begriff ist nicht operationalisierbar, könnte es doch ebensogut sein, daß die Arbeiter noch als Teil des Bürgertums agierten. Schließlich macht mißtrauisch, daß sich Arbeiter in nicht wenigen Fällen den monarchischen Kräften anschlossen und in sogenannten „Thron-und-Altar-Unruhen" aktiv wurden [200: GAILUS, Straße und Brot, 431]. Ein gefestigtes Bewußtsein eigener Kampfziele haben die Arbeiter 1848 nicht gehabt.

Kämpfe „quer zur Klassenlinie"

Es gibt nicht wenige Bekundungen sozialistischer Überzeugungen in der Arbeiterschaft auch schon vor 1848 [310: ZWAHR, Konstituierung, 39 und 255 ff.]. Daß die Handwerksgesellen des Vormärz die Hauptverbreiter sozialistischer Ideen waren, hat die Polizei nicht bezweifelt. Der Deutsche Bund hat den Gesellen u. a. wegen der sozialistisch gefärbten Auslandsvereine [215: SCHIEDER] 1835 das Wandern in die Schweiz und nach Frankreich untersagt. Das Verbot war wenig wirksam. Allzu zahlreich waren sozialistische Anschauungen aufs ganze gesehen jedoch nicht, und selbst ein Mann wie Stefan Born, Mitglied des Bundes der Kommunisten, lenkte in seiner praktischen Politik 1848 in die Traditionen der alten Gesellenverbrüderung ein.

Eingeschränktes Gewicht sozialistischer Überzeugungen

Schließlich war der soziale Zusammenhalt der Arbeiterschaft nicht so eindeutig, wie Zwahr erklärt hat [310: ZWAHR, Konstituierung, 115 ff.]. Daß Arbeiter von Arbeitern abstammten, will wenig für die Klassenbildung besagen, wenn dies schon um 1800 häufig auftrat. Immer gab es auch zahlreiche Verbindungen (Verwandtschaften, Patenschaften) zum Kleinbürgertum. Eine Klassenlinie war in diesen Beziehungen also wenig ausgeprägt. Außerdem gab es eine recht merkbare Trennung zwischen Gelernten und Ungelernten, wie Zwahrs Zahlen ausweisen [ebenso 255: KABUS 94].

Frage der sozialen Verbindungen

Diese Kluft zwischen den Facharbeitern und den Hilfskräften mußte erst überwunden werden, ehe sich die Arbeiterschaft als Klasse formieren konnte. Die Solidarität, die die gesamte Klasse umfassen sollte, erstreckte sich ja ursprünglich nur auf die Gesellen des

Kluft zwischen Gelernten und Ungelernten

eigenen Handwerks. Das wirkte lange nach. Noch in den 1890er Jahren empörten sich die Schlosser der Osnabrücker Eisenbahnwerkstätte, wenn die Ungelernten durch Akkord ebensoviel verdienten wie sie [78: GÖHRE (Hrsg.), Denkwürdigkeiten, Bd. 2, 340 ff.]. Die Gelernten sahen in den Ungelernten lange ihre Bedienten und nicht ihre Kollegen [280: RENZSCH, Handwerker, 153; 241: FISCHER, Industrialisierung, 119].

Sprachgebrauch

Die Selbst- und Fremdbezeichnungen der Arbeiter geben in gewissem Maße Aufschluß über die Entwicklung. Die allmähliche Überwindung der Barriere zwischen Gelernten und Ungelernten wird zuerst am Sprachgebrauch deutlich [135: CONZE, Arbeiter; 205: KOCKA, Lohnarbeit, 130 ff.; 216: SCHILDT, Tagelöhner, 156 ff.]. Vor 1848 sprach man, wenn man überhaupt eine gemeinsame Bezeichnung für gelernte und ungelernte Arbeitskräfte verwendete, von den „arbeitenden" oder „handarbeitenden Klassen" der Bevölkerung, gewöhnlich den Plural benutzend. Mit der Revolution wurde schlagartig der Begriff „Arbeiter" gebräuchlich, und zwar in den Schriften der Statistiker und Volkswirte ebenso wie in den Selbstbenennungen von Arbeiterorganisationen, -kongressen und -eingaben. Weil diese Organisationen fast ausschließlich von Gesellen gebildet wurden, schimmerten die Bezeichnungen der Gesellenbruderschaften gelegentlich durch den neuen Begriff hindurch. Stephan Borns Arbeiterverbrüderung ist ein Beispiel, ebenso die sich verbreitende Anrede der Arbeiterorganisationen „Arbeiter und Brüder". Das betriebliche Schrifttum (Arbeitsanweisungen, Rechenschaftsberichte u. ä.) folgte zögernd. Erst in den 1860er Jahren benutzte es anscheinend den Begriff Arbeiter für alle körperlich arbeitenden Werksangehörigen, während es bis dahin die Handwerksgesellen begrifflich unterschieden hatte. In dem Maße, wie der Begriff „Arbeiter" vordrang, verengte sich der Begriff „Handwerker" auf die in Kleinbetrieben Beschäftigten. Aber ganz wurde die begriffliche Trennung von Gelernten und Ungelernten nie überwunden, denn die Arbeiter legten immer Wert darauf, bei der individuellen Berufsbezeichnung ihre Spezialisierung und ihre Ausbildung anzugeben. Sie nannten sich dann Schmiede-, Schlosser- und Tischlergesellen oder, zunehmend, Schmiede, Schlosser und Tischler.

Der Begriff „Proletariat"

Die Bezeichnungen „Proletarier" und „Proletariat" wurden schon in der sozialen und politischen Literatur des Vormärz verwendet. Unter Proletariern wurden die absolut Elenden verstanden. Insofern gab es selbstverständlich ein Proletariat im Vormärz. Da dieser Begriff häufig auch synonym mit Arbeiterklasse verwendet wird, liegt der Schluß nahe, auch anzunehmen, im Vormärz habe es eine

Areiterklasse gegeben. Dies ist aber, wie gesagt, keineswegs selbstverständlich.

Bürgerliche Beobachter wie Harkort und Riehl bezeichneten als Proletarier übrigens die aufsässig Unzufriedenen, die begehrlich Revolutionären, und unterschieden sie von den „ehrlichen Arbeitern". In der sozialistischen Literatur wird der Begriff Proletarier trotzig-bejahend verwendet. Man hat den Eindruck, daß die Facharbeiter sich von der bürgerlichen Auslegung des Begriffs nie ganz frei gemacht haben, daß ihnen bis in die Weimarer Zeit die Bezeichnung Arbeiter und Arbeiterklasse besser schmeckten als Proletarier und Proletariat.

Neben der gemeinsamen sozialen Lage und dem gemeinsamen Bewußtsein davon gehört zur Arbeiterklasse ein gemeinsames Ziel. Dies war neben der Demokratie die wirtschaftlich-soziale Sicherstellung der Arbeiterschaft, gleichgültig, ob sie durch die Etablierung des Sozialismus erreicht wurde oder durch Staatshilfe, ob durch Gründung eigener Genossenschaften oder durch zähen gewerkschaftlichen Kampf. Ein solches gemeinsames Ziel und der Kampf für dieses Ziel ist im allgemeinen erst mit der Gründung der Arbeiterorganisationen in den 1860er und 70er Jahren auszumachen. Man wird sagen können, daß etwa seit dieser Zeit eine Arbeiterklasse in Deutschland bestanden hat.

Arbeiterklasse seit den 1860er und 1870er Jahren

Im einzelnen haben regionale Unterschiede bestanden. Es besteht kein Grund, die Aussage von Zwahr zu bezweifeln, in Leipzig sei die Klassenbildung Ende der 1860er Jahre im wesentlichen vollzogen gewesen [310: Konstituierung, 321]. In Bielefeld erfolgte dieser Prozeß offenbar erst volle zwei Jahrzehnte später [237: Ditt, Industrialisierung, 221 ff.]. In Braunschweig, um ein anderes Beispiel auszubreiten, liegt das entsprechende Datum etwa in der Mitte. Hier gab es seit den 1860er Jahren eine ausgedehnte Industrie mit Schwerpunkt in der Metallverarbeitung. Wilhelm Bracke gründete hier 1865 eine Gemeinde des ADAV und beteiligte sich 1869 führend an der Gründung der „Eisenacher" Sozialdemokratischen Arbeiterpartei. Spätestens seit 1873 waren seine Überzeugungen vom Marxismus geprägt. Seine mitreißende Agitation zog vor allem die Facharbeiter bzw. Handwerksgesellen an, in geringerem Maße die angelernten Arbeiter und die unterste Schicht der kleinen Handeltreibenden. Hinter ihnen blieben die ungelernten Arbeiter relativ zurück. Die Sozialdemokratie hat in der Januarwahl von 1877 zum ersten Mal die Mehrheit der abgegebenen Stimmen in der Stadt Braunschweig erobert. Große Teile der Arbeiterschaft der Stadt waren etwa seit diesem Zeitpunkt als kämpferische und zielbewußte Klasse vereint. Sinnlich erfahrbar war das etwa am 2. Mai 1880,

Regionale Unterschiede; Beispiel Braunschweig

als Zehntausende von Braunschweigern ihrem toten Wilhelm Bracke das letzte Geleit gaben und auf diese Weise ihre Verbundenheit in gemeinsamer Zielsetzung demonstrierten [216: SCHILDT, Tagelöhner, 416ff.].

2.5 Die Struktur der industriellen Arbeiterschaft

Es ist umstritten, wann die Industrialisierung in Deutschland voll begonnen hat. Der Vorgang wird von FRIEDRICH-WILHELM HENNING z. B. schon auf die 1830er Jahre datiert [251: Industrialisierung, 112f.], während JÜRGEN KOCKA ihn erst für die Zeit von den 1840er bis 1870er Jahren konstatiert [207: Arbeitsverhältnisse, 65]. Für Wehler ist er auf einen relativ eng begrenzten Zeitraum festzulegen, nämlich die Zeit von 1845 bis 1852 [220: WEHLER, Gesellschaftsgeschichte, Bd. 2, 613]. Einigkeit besteht jedenfalls darüber, daß die Industrialisierung ein sich über längere Zeit hinziehender Prozeß war, der branchenmäßig und regional höchst unterschiedlich erfolgte. Es gab Gebiete mit einer frühen gewerblichen Verdichtung, z. B. das Rheinland mit seiner Textilindustrie, das Bergische Land mit seiner Kleineisenindustrie und etwas später Sachsen mit einem relativ intensiven Maschinenbau. Es gab auch an vielen anderen Orten früh einzelne Unternehmen, die man als Industriebetriebe im modernen Sinne ansprechen kann, z. B. die Lokomotivenfabrik Borsig in Berlin. Aber im allgemeinen wird man wohl von dem Durchbruch der Industrialisierung erst seit den 1850er Jahren sprechen können. Auch danach blieben noch weite Gebiete von der Industrialisierung unberührt. Immerhin: Die Wirtschaftsgeschichte hat sich angewöhnt, Deutschland spätestens mit der Gründung des Kaiserreichs als Industrieland anzusehen. Die industrielle Produktion, d. h. die Produktion in Fabriken und die Arbeit in Hütten und Bergwerken bestimmten seitdem den Charakter der Wirtschaft. Unter Fabriken sind größere, arbeitsteilig organisierte Produktionsstätten zu verstehen, die mit Maschinen, vor allem Antriebsmaschinen, oder Apparaten ausgerüstet waren.

Langdauernder Prozeß der Industrialisierung

Selbstverständlich nahm auch nach 1870 die vorindustrielle Arbeit im gewerblichen Sektor einen breiten Raum ein. Zum einen gab es wie zuvor traditionelles Handwerk [169: KAUFHOLD, in: POHL (Hrsg.), Forschungen]. Nur wenige Handwerkszweige verschwanden, wie die Handweberei. Andere wurden von der technischen Entwicklung noch jahrzehntelang wenig oder gar nicht berührt, z. B. Schlachterei und Bäckerei. Einige Handwerke verloren allmählich die Herstellung ihrer Produkte, behielten aber die Reparatur, wie das Schuhmacherhandwerk. Wieder andere stellten Vor- und Spezialprodukte für die Industrie her, z. B. Schlosserbetriebe, und einige profitierten von der Installation und Wartung der neuen technischen Produkte, so die Klempnerei und das später entstehende Elektrohandwerk. Es ist sogar von der handwerksfördernden Wirkung der Industrie gesprochen worden. Trotzdem ging während des Kaiserreiches das Handwerk relativ zurück [282: RITTER/TENFELDE, Arbeiter, 301].

Fortwährende Bedeutung vorindustrieller Tätigkeiten

Nicht nur die Handwerker in traditionell arbeitenden Kleinbetrieben übten eine vorindustrielle Tätigkeit aus, auch die meisten unqualifizierten Arbeitskräfte des Gewerbes arbeiteten nach alter Weise. So wurde der Nahverkehr von Gütern und Menschen auch nach der Industrialisierung mit Pferd und Wagen bewältigt. Es gab kaum weniger Pferdeknechte und Kutscher als in den Jahrzehnten zuvor. Auch das Auf- und Abladen der Waren erfolgte durch Menschenkraft. Wie eh und je arbeiteten die Handlanger auf dem Bau. Zu mehreren Tausend kamen Arbeiter beim Eisenbahnbau zusammen. Auch Manufakturen gab es nach der Industrialisierung weiterhin [207: KOCKA, Arbeitsverhältnisse, 378 ff.].

Eine Sonderstellung nahm schließlich der Bergbau ein [300: TENFELDE, Bergarbeiterschaft]. In der Regel hatten die einzelnen Anlagen Belegschaften von mehreren hundert Mann, und selbstverständlich waren die Betriebe arbeitsteilig organisiert. Aber die Arbeit selbst ging auch nach der Reichsgründung noch lange in althergebrachter Weise vor sich. Sehr langsam verdrängte die luftdruckgetriebene Bohrmaschine die Keilhacke des Hauers.

Für die industrielle Arbeitswelt waren aber andere Lebens- und Arbeitsformen charakteristischer. Besonders die Textilindustrie prägte die Vorstellungen der Zeitgenossen und der Nachlebenden. In staubigen, lauten, engen und oft dunklen Maschinensälen hatten die Arbeiter in ununterbrochener, gespanntester Aufmerksamkeit den Produktionsprozeß zu überwachen, immer von der Maschine abhängig, ohne die Möglichkeit, auch nur einen Moment zu pausieren, und dies täglich 12 Stunden lang. In der ersten Jahrhunderthälfte waren vielfach Kinder in der Spinnerei eingesetzt worden. Nach der Reichsgründung war diese Arbeit eine Domäne der Frauen [207: KOCKA, Arbeitsverhältnisse, 448 ff.].

Arbeitsverhältnisse in der Textilindustrie

Die Arbeit an den Spinnmaschinen war keine gelernte Arbeit. Es gab keine geregelte Ausbildung. Trotzdem erforderte diese Tätigkeit ein hohes Maß an Übung und konnte keineswegs ohne längere Anlernzeit, ohne Übung und Eingewöhnung geleistet werden. Die Spinnereien beschäftigten deswegen neben ihrem Stammpersonal von eingearbeiteten Arbeiterinnen und Arbeitern ehemalige Heimarbeiter, die den Umgang mit den zarten Textilfäden gewohnt waren [268: MACHTAN, Innenleben, 192]. Die Anlernzeit dauerte unterschiedlich lange: vier bis sechs Wochen für viele Arbeiten, für andere bis zu vier Jahren [207: KOCKA, Arbeitsverhältnisse, 453].

Um den eigentlichen Spinner oder die Spinnerin waren zahlreiche weitere Arbeitskräfte beschäftigt. Man rechnete auf einen Spinner, der etwa 1000 Spindeln bediente, vier Andreher und zwei Aufstecker und drei Arbeiter an den Vorbereitungsmaschinen. Neun weitere Arbeitskräfte transportierten und mischten die Rohstoffe, stapelten, wogen und verpackten die Garne, reinigten und beleuchteten die Räume, reparierten und schmierten die Maschinen [207: KOCKA, Arbeitsverhältnisse, 452]. Das waren zum größten Teil völlig ungelernte Tätigkeiten, und dieses Ergänzen der Fachkraft durch Zu- und Hilfsarbeiter war typisch für die Fabrikarbeit dieser Zeit.

Einer ganz anderen Arbeitswelt als in der Textilindustrie begegnet man etwa im Maschinenbau. Hier dominierte die Einzelfertigung. Erst allmählich, beginnend etwa mit den 70er Jahren, breitete sich die Serienfertigung aus. Das bedeutete, daß handwerkliche Verfahren weithin vorherrschten.

Im Maschinenbau hatten die meisten Fachleute ihre Ausbildung in traditionellen Handwerksbetrieben erhalten, viele wechselten auch zwischen Klein- und Großbetrieben hin und her, ohne daß das ihrer Qualifikation schadete. Die Arbeit war relativ vielseitig. Kein Diktat der Maschine trieb sie zu unausgesetzter Tätigkeit. Selbst wenn sie Maschinen bedienten, wie z. B. die Dreher, hatten sie es in der Hand, schneller oder langsamer zu arbeiten. Viele arbeiteten im Gruppenakkord, d. h. Meister oder Vorarbeiter suchten sich eine Kolonne von Arbeitern zusammen und erledigten mit ihnen gegen festes Entgelt bestimmte Aufgaben. Das alles ging nicht ohne fortdauernde Besprechungen ab. Auch mit Nachbarabteilungen mußten unablässig Absprachen getroffen werden. So gab es denn viel Hin und Her, viele Verzögerungen. Handwerklicher Sachverstand stand hoch im Kurs. Wie im Hüttenwesen, wenn auch in geringerem Maße, waren die Facharbeiter von einem Kranz von Zu- und Hilfsarbeitern umgeben, die Vorprodukte herstellten, Transporte ausführten, Räume reinigten und anderes mehr verrichteten.

Maschinenbau

Die wirtschaftliche Entwicklung tendierte dazu, diese Verhältnisse zu beseitigen. Immer mehr Teile und Aggregate wurden normiert, die Arbeit wurde mehr und mehr gleichförmig. Dies war jedoch nur eine Tendenz. Ganz durchgesetzt hat sie sich nie.

Fabrikarbeit war keineswegs generell oder auch nur vorwiegend dadurch charakterisiert, daß un- oder angelernte Kräfte an den Maschinen jetzt die Dinge herstellten, die vor der Industrialisierung selbständige, hochqualifizierte Handwerker erzeugt hatten. Selbst in der Textilindustrie, wo diese Vorstellungen entstanden sind, war es mit der Selbständigkeit und der Qualifikation der vorindustriellen Heimweber und -spinner schlecht bestellt gewesen, während das fachliche Können der industriellen Weber und Spinner unterschätzt wird.

Seit Marx' Tagen ist es eine weitverbreitete, auch von Nichtmarxisten geteilte Vorstellung, die Industrialisierung habe zu einer Dequalifizierung der Arbeitskräfte geführt [z. B. 178: SOMBART, Kapitalismus, Bd. 3.1, 430 ff.]. „Auszug der Gelernten – Einzug der Ungelernten", so hat Ralf Dahrendorf diesen Vorgang 1956 charakterisiert [234: DAHRENDORF, Fertigkeiten]. Wolfram Fischer hat sich mit mehreren Aufsätzen gegen diese Auffassung gewandt [z. B. 140: FISCHER, in FISCHER/BAJOHR (Hrsg.), Soziale Frage, 215 ff.], indem er nachgewiesen hat, daß die Lohnunterschiede zwischen gelernten und ungelernten Arbeitskräften gerade in den Anfangsjahren der Industrie besonders groß gewesen sind. Dies sei ein Zeichen, so erklärte Fischer, daß die junge Industrie keineswegs Fachkräfte abgestoßen habe, sondern besonders auf sie angewiesen gewesen sei. Eine solche Argumentation ließe sich durch die Klagen der Unternehmer über den Mangel an guten Facharbeitern unterstützen, die in den Quellen immer wieder auftreten. Genau genommen liefert der von Fischer hervorgehobene Sachverhalt aber keinen Beweis für seine These. Die starken Unterschiede in den Einkommen könnten auch durch Entlohnungsgewohnheiten aus vorindustrieller Zeit bewirkt worden sein, die stets durch große Lohnunterschiede zwischen den verschiedenen Stufen einer Hierarchie gekennzeichnet waren.

Suchte die junge Industrie Fachkräfte oder stieß sie sie ab?

Lohnunterschiede in den Betrieben

Anfang der achtziger Jahre haben Karl Ditt und Gerhard Schildt unabhängig voneinander untersucht, wie sich das Zahlenverhältnis zwischen gelernten und ungelernten Arbeitern unter dem Einfluß der Industrialisierung verändert hat [237: DITT, Industrialisierung, 183; 216: SCHILDT, Tagelöhner, 335]. Die Ergebnisse haben die These von Wolfram Fischer bestätigt. Es ergaben sich für Bielefeld und Braunschweig folgende Werte:

Abb. 2: Anteil gelernter und ungelernter Arbeiter an der männl. Erwerbsbevölkerung unter dem Einfluß der Industrialisierung (in %)

Relative Zunahme der Fachkräfte durch die Industrialisierung

	Bielefeld		
	1831	1861/65	1895/96
Ungelernte und angelernte Arb.	16	28	20
Gelernte Arb.	19	20	33
	Braunschweig		
	1835/36	1854/55	1874/75
Ungelernte Arb.	15	27	22
Angelernte Arb.	8	9	7
Gelernte Arb.	18	17	43

Trotz der regionalen Unterschiede (frühere und stärkere Industrialisierung in Braunschweig, starke Stellung der Textilindustrie in Bielefeld) zeigt sich, daß am Vorabend der Industrialisierung (in Braunschweig Mitte der 50er Jahre, in Bielefeld ein Jahrzehnt später) die ungelernten Arbeiter das Gros der Arbeiterschaft bildeten, während nach dem Durchbruch der Industrialisierung die gelernten Arbeiter zahlenmäßig dominierten. Wahrscheinlich hat der Ausbau der vorindustriellen Infrastruktur, wozu auch der Eisenbahnbau zu zählen ist, besonders viele ungelernte Arbeitskräfte benötigt, ehe die eigentliche industrielle Produktion mit gelernten Arbeitern einsetzte. Weitere Untersuchungen auf diesem Gebiet sind erwünscht.

2.6 *Die Zwei-Klassen-Gesellschaft des Kaiserreichs*

Wachsender Reallohn

Der Reallohn ist trotz sinkender Arbeitszeit während des Kaiserreichs gestiegen. Die Berechnungen schwanken zwischen einer Steigerungsrate von durchschittlich 0,8% und 1,3% pro Jahr [282: RITTER/TENFELDE, Arbeiter, 493]. An dem Trend besteht kein Zweifel, obgleich die Zahlenreihen für die einzelnen Jahre überprüft werden sollten, insbesondere die der Lebenshaltungskosten. Wesentlich unsicherer ist sich die Wissenschaft darüber, ob sich die Lebenshaltung der verschiedenen Bevölkerungsschichten während der Industrialisierung auseinander entwickelt hat oder nicht [302: TILLY, 141 ff.]. Überlegungen, Beobachtungen und einiges statistische Material sprechen eher für eine relative Verelendung der Unterschichten, besonders auch der Arbeiter.

Man darf annehmen, daß die durch die Industrialisierung erarbeiteten gesellschaftlichen Güter zunächst vorwiegend investiert worden sind, und zwar weitgehend von privater Seite. Auch die Eisenbahnen waren ja zu einem großen Teil Privateigentum. In einer zweiten Phase mag sich der Konsum der Oberschichten gehoben haben. Die Arbeiter konnten dagegen auf dem Arbeitsmarkt vermutlich keine Löhne erzielen, die sie in gleichem Maße wie die Bürger an dem steigenden Nationalwohlstand beteiligt hätten, weil die latente Arbeitslosigkeit des Pauperismus lange nachwirkte und es ein Überangebot an Arbeitskräften gab.

Relatives Zurückbleiben des Arbeitereinkommens?

Das Angebot an Arbeitskräften blieb wegen der starken Zuwanderung aus dem Osten, die vor allem in den 1890er Jahren zu verzeichnen war, weiterhin hoch. In den preußischen Provinzen Rheinland und Westfalen stammten 1910 fast 500000 Menschen aus den preußischen Ostprovinzen, etwa 280000 sprachen polnisch [257: KLESSMANN, 260f.]. Kurz vor dem Ersten Weltkrieg waren mehr als eine Million ausländische Arbeitskräfte in Deutschland beschäftigt [130: BADE, 30].

Fragen des Arbeitsmarktes

Die Zuwanderung ist andererseits ein Zeichen, daß wenigstens in gewissen Sektoren des Arbeitsmarkts die Nachfrage nach Arbeitskräften das Angebot zu übersteigen begann. Dadurch begünstigt, durch gewerkschaftliche Kämpfe und staatlich vorgeschriebene Sozialleistungen unterstützt, könnte sich das Auseinanderdriften der Einkommen in einer späteren Periode des Kaiserreichs umgekehrt haben.

Umkehrung des Trends gegen Ende des Kaiserreichs

Indizien weisen in die gleiche Richtung. Der bürgerlich-adlige Wohnstil wurde nach der Schlichtheit des Biedermeier immer aufwendiger, bis er im Wilhelminischen Pomp gipfelte. Alle diese Behänge, Vorhänge, Deckchen, Verzierungen und Verschnörkelungen waren nur unter großem Arbeitsaufwand herzustellen, zu reinigen und zu pflegen. Gleichzeitig schliefen Dienstmädchen z.T. noch auf Hängeböden. Wie die Wohnungseinrichtung war auch die Frauenkleidung außerordentlich aufwendig. Das Nähen, Waschen und Bügeln der Kleider des Neo-Rokoko erforderte viele Dutzend Arbeitsstunden, ohne daß die Arbeitslöhne den Kauf solcher Kleider verhindert hätten. Gemessen am Lebensstil der Oberschicht waren die Löhne außerordentlich niedrig. Etwa um 1900 änderte sich der Einrichtungs- und Kleidungsstil grundlegend. Relativ einfach geformte Möbel mit glatten, pflegeleichten Oberflächen wurden mit dem Jugendstil modern, und die Reformkleidung, die sich gleichzeitig durchsetzte, verzichtete auf die Volants, Rüschen, Spitzen und Schleifchen, die die weibliche Mode bis dahin geprägt hatten.

Indiz Damenbekleidung

Der Eindruck, daß sich die Oberschichten bis etwa 1890/1900 einen immer aufwendigeren Lebensstil erlauben konnten, ohne auf die Arbeitslöhne Rücksicht nehmen zu müssen, wird in etwa durch die

Zahlen der Dienstmädchen unterstützt. Nach der preußischen Statistik erreichte 1882 der Anteil der Dienstmädchen an der Gesamtbevölkerung ihren höchsten Stand, danach sank er wieder ab [217: SCHILDT, Frauenarbeit, 116; 308: WIERLING, 12]. Man kann diese Zahlen nur so verstehen, daß bis in die 80er Jahre eine immer wachsende Zahl von Haushalten fähig gewesen ist, Dienstmädchen zu engagieren, während danach nicht mehr so viele Arbeitgeber die steigenden Ansprüche der Dienstmädchen befriedigen konnten.

Indiz Zahl der Dienstmädchen

Die Zeitgenossen haben über die Entwicklung der Einkommensverteilung intensiv gestritten. In der Auseinandersetzung zwischen Bernstein und Bebel hat sie z.B. eine zentrale Rolle gespielt. Die methodischen Schwierigkeiten, die sich heute solchen Untersuchungen entgegenstellen, sind erheblich [252: HENTSCHEL, 62 ff.]. Die meisten Angaben über Einkommen gehen auf Steuerakten zurück und beruhen letztlich auf Selbsteinschätzungen. Oft enthalten sie z.B. keine Einkünfte aus Vermögen. Der sächsischen Einkommens- und Sozialstatistik, die qualitativ die beste war, läßt sich immerhin entnehmen, daß die Einkommen der Familien 1912 sehr viel gleicher waren als 1892 [eigene Berechnung auf Grund 252: HENTSCHEL, 75]. Dies wurde möglicherweise durch Zunahme der Frauenarbeit erreicht.

Einkommensstatistiken

Solche Untersuchungen sollten auf einen längeren Zeitraum und andere Staaten ausgedehnt werden. Wenn es möglich ist, sollten sie neben der Verteilung der Einkommen auch die der Vermögen erfassen. Andere Indikatoren für Lebensstandard, z.B. die Gesundheitsverhältnisse, könnten ergänzend herangezogen werden. Reinhard Spree hat z.B. ermittelt, daß bis zum Ende des Kaiserreichs zwar die Säuglingssterblichkeit in den Arbeiterfamilien gesunken ist, daß aber trotzdem der Unterschied zur Säuglingssterblichkeit in den bürgerlichen Familien nicht geringer geworden, sondern vielleicht sogar noch gewachsen ist. Das ist ein äußerst bemerkenswerter Befund [297: SPREE, Ungleichheit, 171].

Schichtenspezifische Gesundheitsverhältnisse

Es könnte also sein, daß die Industrialisierung in einer ersten Phase eine zunehmende soziale Ungleichheit herbeiführte [282: RITTER/TENFELDE, Arbeiter, 148 ff.]. Erst danach schlug die Gesellschaft die Richtung zu einer größeren Egalität ein, wofür erste Anzeichen in Deutschland vielleicht um 1890/1900 festzustellen wären. Papalekas hat dies das Baugesetz der Industriellen Gesellschaft genannt [168: PAPALEKAS, Wandlungen]. Beim gegenwärtigen Stand unseres Wissens handelt es sich aber um kaum mehr als um eine Hypothese. Gründliche, breit angelegte, auch international vergleichende Forschungen auf diesem Gebiet sind dringend erwünscht. Daß eine solche Theorie auch

„Baugesetz der Industriellen Gesellschaft"?

Bildung und Rückbildung der Arbeiterklasse verständlicher machen würde, liegt auf der Hand.

2.7 *Die Arbeiterfrauen*

Es ist wiederholt erklärt worden, die verheirateten Arbeiterfrauen seien erwerbstätig gewesen [283: ROSENBAUM, Formen der Familie, 397 ff.]. Diese Aussage wird zum Teil mit dem Argument gestützt, das Einkommen des Mannes hätte unter dem Existenzminimum gelegen, so daß Zuverdienst der Frau notwendig gewesen sei [z. B. 283: ROSENBAUM, Formen, 397 ff.]. Diese Auffassung ist, wenigstens in dieser pauschalen Form, nicht richtig.

Zunächst ist festzuhalten, daß die vielen hundert Haushaltbudgets, die vor 1914 in Deutschland erfaßt worden sind und die von der Sozialgeschichtsschreibung neuerdings wieder auf ihre Aussagekraft untersucht werden [278: PIERENKEMPER], kein Urteil über das Existenzminimum zulassen, denn sie stammen von Haushalten, die über dem Existenzminimum lagen. Gebraucht werden Aussagen über die unbedingt erforderlichen Lebensbedürfnisse, über das Minimum des zum Existieren Notwendigen. Solche Aussagen wurden im 19. Jahrhundert häufig gemacht, sie sind aber nicht glaubwürdig. Je nach Intention variierten sie am gleichen Ort und zur gleichen Zeit um über 100% [216: SCHILDT, 217]. Budgets der erforderlichen Lebensbedürfnisse beruhten gewöhnlich auf Schätzungen und verstanden unter Existenzminium faktisch das sozial Zumutbare. Während des Kaiserreichs reichte der Lohn auch ungelernter Arbeiter aus, um eine vier- bis fünfköpfige Familie zu ernähren, freilich unter kärglichen Bedingungen und unter der Voraussetzung fortwährender, weder durch Krankheit noch Arbeitslosigkeit unterbrochener Beschäftigung. Zuverdienst der Frau war erwünscht, aber nicht unbedingt erforderlich.

Lohnarbeit verheirateter Frauen nicht unumgänglich

Es gab nicht viele Arbeitsmöglichkeiten für verheiratete Frauen [217: SCHILDT, Frauenarbeit, 125 ff.; 258: KNAPP, Frauenarbeit, Bd. 2, 250]. Zum einen war ihre Abkömmlichkeit relativ gering, weil die Hausarbeit sehr viel umfangreicher war als heute. Eine zehnstündige Fabrikarbeit war mit den Aufgaben einer Hausfrau fast nicht zu vereinbaren [240: ELLERKAMP, 100 ff.]. Im übrigen waren industrielle Arbeitsplätze für Frauen außerhalb der Textilindustrie generell knapp. Stundenweise Mithilfe im Haushalt war wenig üblich. Erst seit der Jahrhundertwende gab es stundenweise beschäftigte Reinmachefrauen, bis dahin wurde die Arbeit von Dienstmädchen ausgeführt. Um eine nennenswerte Zahl von Arbeiterfrauen als Waschfrauen beschäftigen zu

Wenig Arbeitsmöglichkeiten für Frauen

können, gab es zu wenig bürgerliche Haushalte. Die alte Heimarbeit des Spinnens lohnte seit dem ersten Drittel des 19. Jahrhunderts nicht mehr, die neue Heimarbeit des Nähens entstand seit der Jahrhundertmitte, war auf die Zentren der Bekleidungsindustrie konzentriert und auch dort ein ausgesprochenes Saisongeschäft [224: BEIER]. Der Verkauf in Geschäften war weitgehend noch Domäne der Männer.

Geringe Erwerbsquote der verheirateten Frau

Die Statistiken über die Frauenarbeit sind zwar unvollkommen, weil gelegentliche Nebenarbeiten und häusliche Mithilfe etwa in Landwirtschaft und Handwerk zu wenig erfaßt worden sind, aber sie zeigen doch eindeutig, daß die verheirateten Frauen in der Stadt normalerweise nicht oder wenigstens nicht regelmäßig gegen Entgelt gearbeitet haben, sondern „nur" Hausfrauen waren. Z. B. waren 1882 4,7mal so viele Männer in der Industrie beschäftigt wie Frauen, im Bereich Handel, Verkehr, Gastwirtschaft stellte sich die Relation auf 4,3 zu 1. Bis zur Eheschließung waren die jungen Mädchen allerdings in hohem Maße erwerbstätig oder „im Dienst", und zwar von den 15- bis 20jährigen Frauen insgesamt 66,7%, von den 20- bis 30jährigen 46,6%, während es von den 30- bis 40jährigen nur noch 21,7% waren. In höherem Alter nahm die Erwerbstätigkeit der Frauen wieder zu, z. T. sicher auch durch Verwitwung bedingt [217: SCHILDT, Frauenarbeit, 126]. Die Erwerbsquote der Frauen wuchs bis 1914 im übrigen beträchtlich [282: RITTER/TENFELDE, Arbeiter, 211 ff.] und steigerte sich während der Kriegsjahre noch einmal um etwa 17% [235: DANIEL, 36 ff.].

Frauenfeindliche Tendenzen in der Sozialdemokratie?

Von feministischer Seite wird z. T. erklärt, die Arbeiter hätten das bürgerliche Ideal der „Frau am Herd" übernommen, die Frauen ans Haus gefesselt und so zur Entmündigung der Frau beigetragen. Die Frontstellung vieler Arbeiter [37: EVANS, 153] und der Arbeiterbewegung gegen Frauenarbeit unter kapitalistischen Bedingungen, wie sie z. B. von Bebel in „Die Frau und der Sozialismus" formuliert wurde [2: 84, 97 ff., 162 ff. u. ö., dagegen 267: LOSSEFF-TILLMANNS, 37 ff.], ist nach dieser feministischen Auffassung Ausdruck eines frauenfeindlichen Patriarchalismus gewesen [z. B. 258: KNAPP, Frauenarbeit, Bd. 2, 465 ff.].

Dieser Vorwurf kann nicht zu Recht erhoben werden. Daß Selbstverwirklichung durch Arbeit verhindert wurde, stellte im vorigen Jahrhundert nur für die Ehefrauen und vor allem für die Töchter der Oberschicht ein Problem dar. Es war die „Geheimratstöchterfrage", wie 1873 etwas ironisch gesagt worden ist [217: SCHILDT, Frauenarbeit, 139]. Die Arbeiterfrauen hatten fast alle eine Berufstätigkeit hinter sich. Sie kannten die lange, zermürbende Fabrikarbeit oder die extreme Unterbindung jeder Selbständigkeit als Dienstmädchen, die schlechte

Bezahlung der Heimarbeiterin oder, wenigstens von ihren Müttern her, die anstrengende, schmutzige und gesundheitsschädliche Arbeit der ländlichen Tagelöhnerin, der Magd und der Frau des Kleinbauern. Gemessen an diesen Alternativen war die Stellung einer „Nur-Hausfrau" eine Verbesserung, fast eine „soziale Errungenschaft" [217: SCHILDT, Frauenarbeit, 125]. Auch aus Lebenszeugnissen wird das deutlich, etwa aus den Erinnerungen von ADELHEID POPP [90: Jugendgeschichte, 76]. Der Protest der Arbeiterbewegung gegen die Erwerbstätigkeit der verheirateten Arbeiterfrauen lag, in damaliger Zeit, auch in deren Interesse.

„Nur-Hausarbeit" als „soziale Errungenschaft"?

2.8 Die Einstellung der Arbeiter zu Staat und Gesellschaft

Weil Programme leichter zu erforschen sind als Organisationen, Organisationen leichter als ihre Träger, ist die Einstellung der Arbeiter zu den gesellschaftlichen Kräften nie mit derselben Intensität untersucht worden wie die Arbeiterorganisationen und ihre ideologischen Grundlagen, obgleich die Haltung der Hunderttausende in den Fabriken, Bergwerken und Gewerbebetrieben ungleich geschichtsmächtiger gewesen ist als programmatische Parteibeschlüsse. Die zeitgenössische Arbeiterumfrage des Sozialdemokraten Levenstein, 1912 erschienen, ist eine Ausnahme geblieben [104].

Einstellung der Arbeiter ungenügend erforscht

Die Klassengegensätze wurden durch mancherlei Momente gemildert. Der Staat und die bürgerlichen Parteien versuchten zu trennen zwischen der Bekämpfung der Arbeiterbewegung und der Fürsorge für die einzelnen Arbeiter. Eine solche Fürsorge wird etwa deutlich in der Sozialgesetzgebung. Nach einer Zeit des Eingewöhnens erkannten die Arbeiter die vorteilhaften Regelungen der Gesetze durchaus an [77: GÖHRE, Drei Monate, 132ff.; 172: RITTER, Staat, 65f.], und 1899 stimmte auch die sozialdemokratische Reichstagsfraktion erstmals einem Arbeiterversicherungsgesetz zu [301: TENNSTEDT, 408].

Wirkung der Sozialgesetze

Im großen und ganzen milderte auch das Recht die Klassengegensätze. Es wurde zwar deutlich zu ungunsten der Arbeiterbewegung ausgelegt, aber es wurde nie, wie in den Diktaturen des 20. Jahrhunderts, als *quantité négligeable* behandelt. Besonders die Gewerbegerichte, die vor allem seit 1890 fakultativ, seit 1901 obligatorisch waren und die von zwei Kommunalvertretern, zwei Arbeitgebern und zwei Arbeitnehmern gebildet wurden, erwarben Ansehen bei den Arbeitern [172: RITTER, Staat, 59].

Wirkung des Rechts

Auch stand das Bürgertum weniger den Arbeitern, als vielmehr der Arbeiterbewegung feindlich gegenüber. Die Bürger begrüßten es, wenn sich der Lebensstandard der Arbeiter hob. Sie befürworteten Maßnahmen zugunsten der Arbeiter etwa durch Bildungs- und Wohlfahrtseinrichtungen, im Versicherungs- und Genossenschaftswesen oder im Arbeitsschutz [288: SAUL, Staat, Industrie, 24ff.]. Allergisch reagierten sie vor allem auf die vermeintliche oder tatsächliche Bedrohung des Eigentums, und der monarchische Obrigkeitsstaat wußte sich außerdem durch die demokratischen Bestrebungen der Arbeiterbewegung bedroht.

Haltung des Bürgertums

Die Arbeiter machten sehr zwiespältige Erfahrungen mit dem Staat. Besonders deutlich wird das an ihrem Verhältnis zum Militär. Einerseits war das Militär als Instrument des monarchischen Obrigkeitsstaats verhaßt. Unvergessen war, daß der Kaiser 1891 neuvereidigten Rekruten eingeschärft hatte, sie sollten „bei den jetzigen sozialistischen Umtrieben" bereit sein, ihre „eigenen Verwandten, Brüder, ja Eltern niederzuschießen" [282: RITTER/TENFELDE, Arbeiter, 734]. Während ihrer Militärzeit, bis 1893 drei Jahre lang, danach in den meisten Waffengattungen zwei Jahre, lernten die Wehrpflichtigen einen geradezu schikanösen Drill kennen. Viele Arbeiter haben darunter gelitten.

Verhältnis zum Militär

Trotzdem sahen die meisten aber offenbar mit Stolz auf die Militärzeit zurück [266: LORECK, 101]. In Arbeiterwohnungen hingen nicht nur die Bilder von Bebel und Liebknecht, sondern auch von Moltke und Wilhelm I. Ihrem deutschen Vaterland, dem Militär, dem Kaiser und dem König von Sachsen standen die Chemnitzer Arbeiter mit „überraschend freundlicher Gesinnung" gegenüber, berichtet Paul Göhre, und eine gewaltsame Revolution lehnten sie durchaus ab [77: GÖHRE, Drei Monate, 117ff.]. Gerade Sozialdemokraten setzten ihren Ehrgeiz darein, gute Soldaten zu sein. Das Militär bemühte sich, sozialdemokratische Gesinnungen unter den Soldaten zu bekämpfen, und die Kriegervereine setzten diese Bemühungen fort. Das gelang nicht, die Sozialdemokraten tarnten sich und blieben ihren Überzeugungen treu. Sie waren ihrerseits nicht in der Lage, das Militär mit sozialdemokratischem Geist zu infiltrieren [282: RITTER/TENFELDE, Arbeiter, 730ff.].

Wie das Militär versuchte auch die Schule gegen die Sozialdemokraten zu wirken. Welchen Erfolg sie dabei hatte, läßt sich schwer sagen [282: RITTER/TENFELDE, Arbeiter, 727]. Das Bildungswesen insgesamt war für sozialdemokratische Überzeugungen eher förderlich. Naturwissenschaftliche Kenntnisse und manche klassischen Bildungsgüter, die strebsame Arbeiter z. B. durch Volksbüchereien erwerben konnten, schärften ihre Kritikfähigkeit. Die Arbeiterbewegung hat deshalb große Anstrengungen darauf verwandt, eigene Bibliotheken zu schaffen und zu unterhalten [263: LANGEWIESCHE/SCHÖNHOVEN].

Wirkung des Bildungswesens

Besonders eng war schließlich die evangelische Kirche mit dem Staat verbunden. Sie wurde deswegen nicht müde, die „Irrlehren der Sozialdemokratie“ zu bekämpfen. Geistliche, die Verständnis für die Sozialdemokratie zeigten, hatten ernsthafte Schwierigkeiten zu gewärtigen [282: RITTER/TENFELDE, Arbeiter, 763]. Diese Haltung trug dazu bei, daß die Arbeiter sich weiter von der Kirche lösten und den Prozeß fortführten, der in vorindustriellen Zeiten begonnen hatte [254: HÖLSCHER, 148]. Bei den sozialdemokratischen Industriearbeitern zeigte sich mehrheitlich sogar ein ausgesprochener Haß auf die Kirche, die „bloße Verdummungsanstalt und wohlberechnetes Staatsinstitut“ sei [77: GÖHRE, Drei Monate Fabrikarbeiter, 165; 104: LEVENSTEIN, Arbeiterfrage, 323 ff.; 254: HÖLSCHER, 192 ff.; 37: EVANS, 168 f.]. Trotzdem traten vor 1914 nur wenige aus der Kirche aus.

Stellung zu den Kirchen

Besser hielt die katholische Kirche ihre Mitglieder zusammen. Sie forderte selbst unter Berufung auf das Naturrecht wirtschaftliche und soziale Gerechtigkeit. Überdies hatte sie ihre eigenen Schwierigkeiten mit dem Staat, ihre Geistlichen kamen aus allen Volksschichten, sie waren deshalb verständnisvoller, und ihre karitativen Anstrengungen waren intensiver.

Die uneinheitliche Haltung der Arbeiterschaft zu den Mächten des Staates und der Kirche könnte besser erforscht sein [254: HÖLSCHER]. Unser Bild wird womöglich durch eine einseitige Quellenüberlieferung verfälscht [266: LORECK 105 ff.; 282: RITTER/TENFELDE, Arbeiter, 618 ff.]. Z. B. hat sich Levenstein mit seiner Umfrage vorwiegend an sozialdemokratische Arbeiter gewendet [104: LEVENSTEIN, Arbeiterfrage], und Paul Göhre hat seine drei Monate als Fabrikarbeiter in der Chemnitzer Metallindustrie verbracht, einer Hochburg der Sozialdemokratie [77: GÖHRE, Drei Monate Fabrikarbeiter]. Fast alle Lebenserinnerungen von Arbeitern stammen von Sozialdemokraten oder sind herausgegeben worden, um für die Sozialdemokratie zu werben. Diese Lebenszeugnisse und die Umfrageergebnisse Levensteins sprechen massiv von dem vielfältigen Druck, den sich die Arbeiter ausgesetzt sahen, besonders am Arbeitsplatz. Vor allem scheint auf ihnen gelastet zu haben, daß sie kaum Aussichten hatten, jemals aus der zermürbenden Arbeitsmühle herauszukommen [84: LEVENSTEIN, Aus der Tiefe]. Levenstein hat leider nicht nach der Einstellung der Arbeiter zum Staat oder zu staatlichen Einrichtungen gefragt. Einen ganz anderen Ton als die sozialdemokratisch beeinflußten Erinnerungen schlagen die 1909 in entgegengesetzter Tendenz veröffentlichten Memoiren eines anonymen Metalldrehers an. Auch dieser war gelegentlich empört über seine Vorgesetzten im Betrieb, aber geprägt von kraftvollem Selbstbewußtsein,

Unbefriedigende Quellenlage

ohne seinen Zorn auf den Staat zu übertragen [76: Erlebnisse]. Den Berichten der Politischen Polizei zufolge richteten zwar viele Arbeiter ihre Kritik gegen die etablierten Mächte des Staates und der Kirche, aber auffallend viele verteidigten sie auch und kritisierten die Sozialdemokratie [37: EVANS]. Es ist kaum vorstellbar, daß dieser Befund nur für Hamburg gilt, wo er festgestellt ist, aber das müßte nach Möglichkeit überprüft werden.

Auffallend ist etwa auch, daß die Zeichnungen Zilles bei aller Sozialkritik, die sich in ihnen ausdrückt und ausdrücken soll, doch eine Atmosphäre gemütlicher Behaglickeit atmen, in die der Polizist durchaus einbezogen ist, ganz im Gegensatz etwa zu den bitter anklagenden Zeichnungen von Käthe Kollwitz aus der Weimarer Zeit. Das mag an den Künstlerpersönlichkeiten liegen, kann aber auch Ausdruck des unterschiedlichen Lebensgefühls in den beiden Epochen sein.

Weitere Untersuchungen auf diesem Gebiet sind wünschenswert. Die Quellen sind vermutlich nicht ausgeschöpft. Berichte über die Arbeiterschaft von polizeilicher, militärischer und kirchlicher Seite müßten weiter Aufschlüsse geben können. Womöglich wäre es auch lohnend, das Bild von der Gesellschaft zu untersuchen, das sich in den Unterhaltungsromanen und -erzählungen der sozialdemokratischen Presse darbietet. Vielleicht wären solche Forschungen imstande, das Verhalten der Arbeiterschaft im August 1914 und später besser zu verstehen.

2.9 Die Erringung der Weimarer Demokratie

Geburtsfehler der Weimarer Republik

Die Weimarer Republik ist nicht zuletzt an ihren Geburtsfehlern zugrunde gegangen. Es ist der Arbeiterbewegung und besonders der SPD deshalb immer wieder vorgeworfen worden, sie hätte es versäumt, in den ersten Wochen und Monaten nach der Revolution, als sie es noch weitgehend in der Hand gehabt hätte, die Demokratie fest und dauerhaft zu begründen [z.B. 162: MILLER/POTTHOFF, Kleine Geschichte, 87 ff.].

Unter anderem im Anschluß an das Werk von Eberhard Kolb über die Arbeiterräte ist in den 1960er Jahren intensiv diskutiert worden, ob die Demokratie nicht zweckmäßiger auf den Räten statt auf einem Parlament aufgebaut worden wäre [327: KOLB, Arbeiterräte; 335: MILLER, Bürde, 119f.]. Es wäre damit ein „dritter Weg" zwischen Kapitalismus und Sozialismus eingeschlagen worden.

Alternative Rätesystem?

Das Rätesystem wirft jedoch einige grundsätzliche Fragen auf, nämlich, ob es grundsätzlich mit demokratischen Prinzipien vereinbar ist, ob es 1918/19 durchsetzbar war und ob eine auf einem Rätesystem begründete Demokratie dauerhafter gewesen wäre als die Demokratie der Weimarer Republik.

Es gibt kein historisches Beispiel für eine Demokratie, die auf einem Rätesystem beruht. Das schließt zwar nicht aus, daß es eine solche Demokratie grundsätzlich geben könnte, läßt aber Skepsis angebracht erscheinen. Ein grundsätzliches Problem liegt in der Frage nach der Vertretung der gesamten Bevölkerung. Es würde sich mit demokratischen Grundsätzen nicht vertragen, wenn Teile der Bevölkerung auf Dauer vom politischen Entscheidungsprozeß ausgeschlossen wären (z.B. Selbständige, Bauern, Künstler, Hausfrauen). Ein zweites Problem betrifft die Vorbereitung von Entscheidungen und die Alternativen der Politik. Probleme müssen studiert, Entscheidungen vorbereitet werden. Wer immer das tut (eine Bürokratie, eine Partei), hat die Möglichkeit, das Staatswesen zu beherrschen, wenn keine sachkundige Organisation (wie in der parlamentarischen Demokratie die Opposition) die alternativen Möglichkeiten aufzeigt. Das Rätesystem der Sowjetunion war sicher nicht zufällig als Fassade für die Herrschaft der Bolschewiki geeignet.

Rätesystem als Demokratie?

Ein Rätesystem zu etablieren oder überhaupt mehr und grundsätzlich anderes durchzusetzen, als die Arbeiterbewegung 1918/19 durchgesetzt hat, war vermutlich sehr schwierig. Die Geschichtswissenschaft neigt dazu, ihr Augenmerk ausschließlich auf die revolutionären Kräfte zu richten. Dadurch entsteht der Anschein, als habe es gar keine anderen Kräfte gegeben. Setzt sich die Revolution nicht vollständig durch, ist man deshalb geneigt, von einem Versagen der Revolutionäre zu sprechen. Man übersieht leicht, daß sich die Kräfte auf der Gegenseite massiv formierten, daß sich 1918 nicht nur die ersten Freikorps ohne Zutun des Rates der Volksbeauftragten bildeten, sondern daß sich ebenso die ehemaligen Nationalliberalen und die Konservativen als Parteien neu begründeten und daß die rechte Presse einen giftigen, haßerfüllten Ton anschlug, der die Stimmung eines beträchtlichen Teils der Bevölkerung wiedergab. Wie eng der Spielraum für die Sozialdemokratie war, zeigt sich etwa daran, daß ein an sich so wenig tiefgreifender Erlaß wie der des preußischen Kultusministeriums, den Religionsunterricht in der Schule aufzuheben, zurückgenommen werden mußte, weil der Protest der bürgerlichen Kräfte die Sprengung des Landes Preußen befürchten ließ [356: WINKLER, Revolution, 92f.]. Eine Sozialisierung in größerem Maßstab, etwa auch eine Aufteilung der Güter und damit eine Entmachtung der Junker [356: WINKLER, Revolution, 84ff.], war nicht durchführbar, wenn man nicht einen Bürgerkrieg mit völlig ungewissem Ausgang riskieren wollte. Vermutlich wäre eine Verstaatlichung des Kohlebergbaus möglich gewesen, wenn die Sozialdemokratie dies zielstrebig in Angriff genommen hätte. Die Arbeiter

Waren Alternativen durchzusetzen?

des Ruhrbergbaus forderten sie nachdrücklich [335: MILLER, Bürde, 148 ff.]. Aber das hätte die Schwerindustrie noch nicht entmachtet, geschweige denn die Eigentumsordnung gründlich in Richtung auf einen Sozialismus geändert. Die Wirkung einer solchen Maßnahme wäre gering gewesen, nur darum war sie wahrscheinlich durchführbar [356: WINKLER, Revolution, 80 ff.].

Mindestens so schwierig wäre die Reinigung des Beamtenapparats gewesen. Es gab nicht genügend sozialdemokratische Fachleute, mit denen man die obrigkeitsstaatlich denkenden Beamten hätte ersetzen können [335: MILLER, Bürde 163 ff.]. Laien einzusetzen wäre am Widerstand des Bürgertums gescheitert.

Nur in bezug auf das Militär bestehen die Vorwürfe gegen die Mehrheitssozialdemokratie vermutlich zu Recht. Es gab genügend Soldaten, die 1918/19 bereit waren, der neuen Demokratie zu dienen. Die republikanische Schutztruppe, die den Rat der Volksbeauftragten schützen sollte, war zwar gegen Angriffe von links vielleicht nicht ganz so zuverlässig, wie es wünschenswert gewesen wäre. Aber sie wäre mit der Zeit zuverlässiger geworden, und sie rückte auch schon im Januar 1919 aus, um die Ordnung wiederherzustellen. Das „Bündnis Ebert–Groener", demzufolge das alte, kaiserliche Heer im Kern intakt blieb und dafür die Regierung Ebert unterstützte [62: RITTER/MILLER, Revolution, 98 f.], war spätestens seit Dezember 1918, als das Feldheer in die Heimat zurückgeführt war, überflüssig und auf die Dauer sicher schädlich. Die Zusammenarbeit zwischen der Regierung und den von ehemals kaiserlichen Offizieren geführten Streitkräften [353: WETTE, 263 ff. und 289 ff.] entfremdete nicht zuletzt einen großen Teil der Arbeiter der SPD [335: MILLER, Bürde, 197].

Das „Bündnis-Ebert-Groener" unnötig und schädlich

Ein weiterer „Basiskompromiß" [356: WINKLER, Revolution, 76 ff.] war das „Stinnes-Legien-Abkommen" zwischen den Arbeitgebern und den Freien Gewerkschaften vom 15. November 1918. Es sicherte den Gewerkschaften, Tarifautonomie, Achtstundentag bei vollem Lohnausgleich, Arbeiterausschüsse in Betrieben mit mehr als 50 Beschäftigten, Bildung einer Zentralarbeitsgemeinschaft der Arbeitgeber- und Arbeitnehmerverbände u. a. [Wortlaut 62: RITTER/MILLER, Revolution, 237 ff.]. Für die Arbeitgeber bedeutete der Vertrag, daß die Gewerkschaften ihre Forderung nach Sozialisierung zurückstellten. Das Abkommen zerbröckelte in der Folgezeit [319: FELDMAN/STEINISCH, Industrie]. Ob die Regelungen dauerhafter gewesen wären, wenn sie durch den Rat der Volksbeauftragten per Gesetz erlassen worden wären, muß bezweifelt werden.

Das „Stinnes-Legien-Abkommen"

Die Weimarer Republik beruhte auf Kompromissen, die vor allem vom Bürgertum nur widerwillig eingegangen worden waren. Hätte die Arbeiterklasse mehr durchgesetzt, hätte das den ohnehin schwachen Grundkonsens, auf dem die Weimarer Republik beruhen sollte, weiter geschwächt. Die Schwächen der Sozialdemokraten, ihre Unklarheit in den Zielen, sobald es um mehr ging als Wahlrecht und Sozialpolitik, ihre übertriebene Furcht vor Chaos und Bolschewismus, sind sorgfältig untersucht worden [356: WINKLER]. Aber den Rahmen, in dem sich ihre Politik entfalten konnte, war eng gesteckt. Mehr Verständnis für das Mögliche erhält man wahrscheinich dadurch, daß man die Forschungen zum bürgerlich-konservativen Lager intensiviert und in die Gesamtanalyse stärker einbezieht.

Wenig Alternativen für die Sozialdemokratie

2.10 Die Verteidigung der Weimarer Demokratie

Die SPD ist während der gesamten Weimarer Zeit immer wieder vor die Alternative gestellt worden, entweder Zugeständnisse an das bürgerlich-konservative Lager zu machen oder die Funktions- und Überlebensfähigkeit der Demokratie zu gefährden. Sie hat sich in der Regel für Zugeständnisse entschieden. Das Dilemma, vor dem sie nach dem Papenschen Staatsstreich in Preußen stand, war im Grunde von gleicher Art. Die SPD konnte den Staatsstreich ohne nennenswerten Widerstand hinnehmen, oder sie mußte zum Kampf aufrufen. Nachgeben untergrub zwar weiter die Demokratie, aber Widerstand gefährdete sie womöglich noch mehr. Eine Präsidialregierung von Papen war nicht das größte Übel, wie die SPD deutlich sah. Widerstand bedeutete wahrscheinlich die Sistierung der unmittelbar bevorstehenden Reichstagswahlen, möglicherweise die Aufhebung des noch bestehenden verfassungsrechtlichen Rahmens, kurz, den Beginn des unverschleiert autoritären Obrigkeitsstaates. Ob dadurch die Nationalsozialisten von der Macht ferngehalten worden wären, muß angesichts der fehlenden Massenbasis der Regierung Papen mindestens bezweifelt werden. Möglicherweise hätte aber auch ein Widerstand der SPD den offenen Bürgerkrieg heraufbeschworen, an dessen Ausgang zugunsten der Rechten nicht ernsthaft gezweifelt wird. Diese Möglichkeiten standen der SPD-Führung durchaus vor Augen.

Die Frage des Widerstands gegen den Papen-Staatsstreich

Die Forschung hat sich darauf konzentriert, den Entscheidungsprozeß innerhalb der SPD nachzuvollziehen und gleichzeitig zu prüfen, wie groß die Kampfbereitschaft bei den Anhängern der Demokratie war. Es hat den Anschein, daß die Neigung zum Nachgeben bei den Führern der Partei, der Gewerkschaften und des Reichsbanners um so größer war, je verantwortungsvoller die Stellungen waren, die sie be-

Die Anhängerschaft

kleideten. An der Basis, vor allem bei der Jugend, scheint es dagegen eine erhebliche Kampfbereitschaft gegeben zu haben [358: WINKLER, Katastrophe, 660 ff.]. Wesentlich weniger sind wir über die mögliche Haltung der KPD-Anhänger informiert. Der Aufruf der KPD-Führung an die SPD-Anhänger zu gemeinsamem Kampf [144: Geschichte der dt. Arbeiterbewegung, Bd. 4, 587 f.] kann kaum ein Bündnisangebot an die SPD genannt werden, wie die DDR-Geschichtsschreibung behauptet hat, denn er rief zwar zum Sturz der Regierung Papen auf, nicht aber zur Wiedereinsetzung der Regierung Braun – Severing. Ob die Kommunisten an der Basis zu einem gemeinsamen Kampf mitgerissen worden wären, muß eher bezweifelt werden. Der Graben etwa zwischen der preußischen Polizei und dem kommunistischen Rotfrontkämpfer-Bund war kaum überbrückbar. Anders hätten die Dinge vielleicht bei einem Generalstreik ausgesehen. Dies genauer zu untersuchen, etwa mit Hilfe von Briefen und Tagebüchern von Kommunisten, sollte versucht werden.

Die KPD

Die Kampfentschlossenheit der Nationalsozialisten auf der Gegenseite ist bekannt. Selbstverständlich wäre die Regierung Papen um so mehr bereit gewesen, sich dieser Bundesgenossen zu bedienen, je weniger sie selbst fähig gewesen wäre, sich durchzusetzen. Aber zunächst wäre sie auf die Reichswehr angewiesen gewesen. Ob diese bereit und imstande gewesen wäre, Demonstrationen aufzulösen, Regierungsviertel abzusperren, den Eisenbahnverkehr aufrechtzuerhalten – und dies eventuell über einen längeren Zeitraum hinweg für eine Regierung, die weder in der Bevölkerung noch im Reichstag nennenswerten Rückhalt besaß –, das ist gänzlich ungewiß. Möglicherweise hätte es erfolgversprechende Formen zivilen Widerstands unterhalb einer Schwelle gegeben, die die Reichswehr zu massivem Eingreifen veranlaßt hätte. Untersuchungen hierüber wären sehr erwünscht. Auch hier gilt, daß man beim gegenwärtigen Stand der Forschung vor allem dadurch mehr Klarheit über die Möglichkeiten der Arbeiterklasse gewinnen kann, daß man die Gegenkräfte untersucht.

Möglichkeiten zivilen Widerstandes?

Wir wissen, daß das tatsächliche Verhalten der Beteiligten zum schlimmsten aller Resultate geführt hat. Äußerungen nach 1933 oder nach 1945 über mögliche Alternativen sind deshalb nur bedingt glaubwürdig. Zu leicht erscheint hinterher das Wünschbare als das Mögliche [311: ALEXANDER, Severing, 203].

Lange hat die Auffassung bestanden, die Arbeiterschaft als ganze sei im wesentlichen gegenüber dem Nationalsozialismus immun geblieben. Diese Annahme wurde bestärkt durch die Analyse der Wahlen am Ende der Weimarer Republik. Eine solche Untersuchung, wie sie

z. B. Alfred Milatz 1960 vorgenommen hat, schien zu zeigen, daß sich die Arbeiterparteien im ganzen gegenüber dem Nationalsozialismus behauptet haben. Die Arbeiterparteien erzielten folgende Stimmenanteile [334: Ende der Parteien, 741 ff.]:

Abb. 3: Reichstagswahlergebnisse der Arbeiterparteien (in %)

	20. 5. 1928	14. 9. 1930	31. 7. 1932	6. 11. 1932	5. 3. 1933
SPD	29,8	24,5	21,6	20,4	18,3
KPD	10,6	13,1	14,3	16,9	12,3
zus.	40,4	37,6	35,9	37,3	30,6

In den Krisenjahren der Weimarer Republik gab es einen fortschreitenden Rückgang der SPD, der aber von der KPD wettgemacht wurde. Die Verluste von 1933 konnte man dem Terror zuschreiben, dem die Arbeiterparteien nach der nationalsozialistischen Machtergreifung ausgesetzt waren. Zieht man aber das Ergebnis der Wahl von 1928 zum Vergleich heran, trübt sich das Bild. Etwa ein Drittel der SPD-Wähler von 1928 hat der SPD 1933 den Rücken gekehrt. In dem Sammelband „Ende der Parteien" ist dies mit einer Wählerwanderung von der SPD zur KPD, von dieser zur NSDAP erklärt worden [334: 769 f.]. Die Aussage war nicht begründet und ist wohl nur aus der Situation des Kalten Krieges zu erklären, als man bestrebt war, die Mitschuld der KPD an der nationalsozialistischen Machtergreifung zu unterstreichen.

Falter hat 1991 das Wählerverhalten am Ausgang der Weimarer Republik nochmals einer genauen Analyse unterzogen. Zunächst hat er ermittelt, daß ein wesentlich höherer Teil der Wähler von der SPD zur NSDAP gewechselt ist als von der KPD [317: 111]. Außerdem legte er dar, daß bei den Reichstagswahlen des Jahres 1932 über 20% der Arbeiter (ohne Landarbeiter) NSDAP gewählt haben [317: 229]. Damit lag der Anteil der NSDAP-Wähler in der Arbeiterschaft zwar unter dem in der übrigen Bevölkerung, aber die Arbeiterschaft war doch in einem so hohen Maße der NSDAP-Propaganda zum Opfer gefallen, wie man es bis zu diesen Untersuchungen nicht gedacht hätte. Bei der Märzwahl gaben sogar ein Drittel aller Arbeiter der NSDAP ihre Stimme.

NSDAP-Wähler in der Arbeiterschaft

2.11 Der Arbeiterwiderstand im Dritten Reich

Die aus solchen Wahlanalysen deutlich werdende Anfälligkeit großer Teile der Arbeiterschaft für den Nationalsozialismus bewirkte, daß es auch im Arbeitermilieu zahlreiche Denunzianten gab, die den Widerstand gegen das NS-Regime erschwerten. Dieser Widerstand der Arbeiter ist lange außerhalb des Blickfelds der westdeutschen Historiker geblieben, denn das Hauptaugenmerk der Geschichtswissenschaft in der Bundesrepublik richtete sich zunächst auf den Widerstand der Militärs sowie anderer Kreise der alten Eliten, etwa auf die Verbindungen Goerdelers, den Kreisauer Kreis, die Weiße Rose und den Widerstand der Kirchen.

Regionaluntersuchungen zum Widerstand der Arbeiter

Die Forschungssituation änderte sich erst 1969 mit den Büchern von HANS-JOSEF STEINBERG und KURT KLOTZBACH über den Widerstand der Arbeiter in Essen und Dortmund [385; 372]. Steinberg arbeitete heraus, daß der kommunistische Widerstand besonders verlustreich gewesen sei, weil die Kommunisten die Massen über das nationalsozialistische Regime aufklären wollten, um es von innen heraus zu stürzen. Daß der Arbeiterwiderstand hauptsächlich von den Kommunisten getragen wurde, bestätigten auch die folgenden Untersuchungen von KUNO BLUDAU über Duisburg [365], von DETLEV PEUKERT über den Kommunistischen Widerstand an Rhein und Ruhr [378; 379] sowie die von HARTMUT MEHRINGER in Band 5 der Reihe „Bayern in der NS-Zeit“ [362]. In diesem Werk wurde besonders die Bedeutung von „Peripheriegruppen“ betont, die die Sozialdemokraten unterhielten. Solche Gruppen versuchten mehr instinktiv als bewußt die Kommunikation unter Gleichgesinnten aufrechtzuhalten, um gemeinsames Bewußtsein gegenüber der NS-Propaganda zu bewahren [362: 429 ff.].

Vergeblichkeit des Widerstandes?

Wenig thematisiert ist die Frage, in welchem Maße der Widerstand der Arbeiter erfolgreich oder vergeblich war. STEINBERG hat unterstrichen, der Arbeiterwiderstand habe nicht dazu beitragen können, das NS-Regime zu verkürzen, und die Opfer des Widerstandes seien deshalb, gemessen an seinem Ziel, vergeblich gebracht worden. STEINBERG fügte hinzu, daß totalitäre Regime des 20. Jahrhunderts, die die staatlichen Machtmittel „rückhaltlos und brutal“ einsetzten, nicht von innen gestürzt werden könnten [385: 182]. Man wird nach den Erfahrungen der Jahre 1989/91 jedoch dagegen halten müssen, daß sich die Brutalität totalitärer Regime allmählich abnutzt, wenn sich diese Tendenz auch bei dem nur zwölf Jahre währenden, die halbe Zeit im Krieg befindlichen NS-Regime nicht gezeigt hat. Deutlich ist, daß der Zusammenhalt der verschiedenen antifaschistischen Arbeitergruppen oft Zerstörungen in den letzten Stunden des Regimes verhindert [378: PEUKERT, Ruhrarbeiter, 326 ff.] und die Herstellung einer nichtnationalsozialistischen Verwaltung erleichtert, wenn nicht ermöglicht hat. Die Immunität vieler Gruppen von Arbeitern gegen die NS-Propaganda war auch einer der Gründe dafür, daß sich eine demokratische Gesinnung im Nachkriegsdeutschland relativ leicht ausbreiten konnte.

2.12 Die Disziplinierung der Arbeiterschaft im Dritten Reich

Die Nationalsozialisten haben sich immer bemüht, Terror durch Propaganda zu ergänzen oder zu überdecken. Während sie die Arbeiterbewegung zerschlugen, bemühten sie sich gleichzeitig, die Arbeiterschaft zu gewinnen. Ein „Lehrstück" für diese Doppelstrategie, so hat GERHARD BEIER es ausgedrückt [363], war 1933 die Proklamierung des 1. Mai als „Feiertag der nationalen Arbeit" mit der am 2. Mai 1933 folgenden Zerschlagung der Gewerkschaften. Die Anstrengungen des Dritten Reiches, den Eindruck zu erwecken, der „deutsche Arbeiter" sei ein Träger der neuen Ordnung, könnten genauer erforscht sein [371: HERBERT, Arbeiterschaft; 375: MAI]. Ein Anfang liegt mit der Darstellung von HEUEL vor, der das Bemühen um den „umworbenen Stand" allerdings nur bis 1935 verfolgt [372]. Um die Arbeiterschaft zu werben, sie zu integrieren und so die Stabilität des Regimes zu gewährleisten war in erster Linie die Aufgabe der Deutschen Arbeitsfront. Man darf ihr jedoch nicht, das hat TILLA SIEGEL herausgearbeitet, eine „quasi-gewerkschaftliche" Funktion zuschreiben, denn sie war keine Arbeitervertretung, sondern ein Instrument der NSDAP [384: 120 ff.].

Die Arbeiterschaft als „umworbener Stand"

Sehr viel später als Verfolgung und Widerstand ist die materielle Lage der Arbeiterschaft systematisch erforscht worden. Erst 1989 erschien die Monographie von RÜDIGER HACHTMANN über Industriearbeit im Dritten Reich [369]. Dabei hat er nicht nur die Tariflöhne untersucht, sondern auch die Akkordlöhne und die betrieblichen Sozialleistungen. Mit diesen beiden Instrumenten konnten die Betriebe Lohnerhöhungen auch an dem Treuhänder der Arbeit vorbei durchführen und sich so trotz des seit 1936 einsetzenden und ständig zunehmenden Arbeitskräftemangels ausreichende Belegschaften sichern.

Lohnentwicklung

Die Arbeitshaltung der Arbeiter war durchweg diszipliniert, wie HACHTMANN festgestellt hat [369]. Es gab kaum ein gezieltes Zurückhalten der Leistung („Akkordbremsen"), was sich nur z. T. aus der „objektiven" Messung des Leistungsvermögens durch das REFA-Verfahren erklärt [384: SIEGEL, 239 ff.]. Auch der Krankenstand blieb relativ niedrig und wuchs erst im Krieg unbedeutend an trotz der Belastung durch verlängerte Arbeitszeit, Luftschutzdienst und sich verschlechternde Ernährung. Genaue arbeitsmedizinische Kontrolle hielt den Krankenstand niedrig, aber das erklärt das Resultat nicht völlig, denn die Frauen haben ein viel höheres Maß an Arbeitsverweigerung gezeigt

Arbeitsdisziplin

als die Männer, ohne sich von repressiven Drohungen beeindrucken zu lassen.

Frauenarbeit

Die Untersuchung von Dörte Winkler über die Frauenarbeit im Dritten Reich [388] hat ergeben, daß während des Krieges in manchen Rüstungsbetrieben täglich 25% der Frauen fehlten und am Samstag sogar bis zu 45%. „Bummelschichten" der Frauen gefährdeten die Rüstungsproduktion mehr als der Rohstoffmangel [388: 95 f.]. Das Hauptaugenmerk hat Dörte Winkler auf die Einstellung des Regimes zur Frauenarbeit gerichtet. Einerseits hat der Nationalsozialismus aus rassebiologischen Gründen die Frauen von der Arbeit gegen Entgelt fernhalten wollen, andererseits mußte er feststellen, daß Frauenarbeit in einer leistungsfähigen Industriegesellschaft unverzichtbar war. Besonders die Kriegswirtschaft forderte die Ausnutzung aller Arbeitsreserven. Dörte Winkler konnte zeigen, daß der NS-Staat außerordentlich zögerlich war, die deutschen Frauen zur Arbeit für die Kriegswirtschaft heranzuziehen. Z.T. auf Hitlers persönliche Intervention wurden besonders die Oberschichtenfrauen geschont. Daß dies die Empörung von dienstverpflichteten Arbeiterfrauen hervorgerufen hat, ist erklärlich [388: 110 ff.].

2.13 Die Modernisierungstendenzen im Dritten Reich

Modernisierung durch den Nationalsozialismus?

Der Nationalsozialismus, so hat Ralf Dahrendorf 1965 erklärt, „hat für Deutschland die ... soziale Revolution vollzogen. Der Inhalt dieser Revolution ist die Modernität." Darunter verstand Dahrendorf eine „traditionsfreie Gleichheit der Ausgangsstellung aller Menschen, die man das spezifische Merkmal moderner Gesellschaften nennen könnte" [366: Dahrendorf, Gesellschaft, 432]. David Schoenbaum hat in seinem Werk, das den bezeichnenden Titel „Die braune Revolution" trägt, von dem Zusammenbruch der überkommenen Klassenstruktur im Dritten Reich gesprochen [383: 345]. Mason hat betont, daß das Regime die Aufrüstung nicht so forciert hat, wie es das für nötig hielt, weil es Rücksicht auf die Ansprüche der Arbeiterschaft genommen hat [376: Mason, Sozialpolitik, 284 ff.], und Marie-Luise Recker hat nachdrücklich auf den Abbau klassen- und schichtenspezifischer Abgrenzungen hingewiesen, auf die regionale Mobilität und als besonders prägnantes Beispiel auf die weitgehende Einebnung des arbeitsrechtlichen Gefälles zwischen Angestellten und Arbeitern [381: Recker, Sozialpolitik, 299 f.].

Ehe man angesichts solcher Aussagen und empirischer Befunde davon spricht, der Nationalsozialismus habe eine Modernisierung der deutschen Gesellschaft herbeigeführt, ist es sinnvoll zu fragen, was Modernisierung heißen soll. Gemäß der Modernisierungstheorie wird darunter verstanden: Emanzipation und Partizipation; Industrialisierung und technische Weiterentwicklung; breitgestreuter Wohlstand; Einebnung von Klassen- und Schichtenunterschieden; soziale und regionale Mobilität; Empathie, d.h. Anerkennung der Lebensrechte anderer im nationalen und internationalen Maßstab; Austragung von Konflikten durch Verhandeln und durch rechtliche Regelungen statt durch Gewalt. Es geht nicht an, dem Begriff Modernisierung auch Tendenzen zum Totalitarismus zuzuordnen, nur weil bis in die Gegenwart totalitäre Staaten entstanden sind und entstehen. Dann wird Modernisierung ein anderer Begriff, der der Modernisierungstheorie nicht mehr entspricht. Modernisiert in einem solchen Sinne hieße dann nur „für das 20. Jahrhundert typisch" oder „in neuerer Zeit entstanden".

Bedeutung des Begriffs „Modernisierung"

Betrachtet man den Nationalsozialismus im Lichte der Modernisierungstheorie, dann sind egalitäre Wirkungen nicht zu leugnen. Der Vorrang der alten Eliten in Wirtschaft, Gesellschaft, Politik und Armee wurde in der Tat beschnitten. Damit hob sich relativ die Stellung der Arbeiterschaft, und dies war beabsichtigt. Ob das bei einer längeren Dauer des NS-Staates so geblieben wäre, ist nicht ausgemacht, denn neue Eliten (etwa die SS) erhoben ihre Ansprüche. Eine gewisse Steigerung der sozialen und regionalen Mobilität mag dem Dritten Reich ebenfalls zugestanden werden. Auch hat es einen gewissen Beitrag zur Frauenemanzipation geleistet, weil es vor allem in der Kriegszeit die Frauenquote an den Erwerbstätigen erhöht hat, dies allerdings nur wegen des Mangels an Arbeitskräften, im Prinzip nicht beabsichtigt [389: WINKLER, Mythos].

Teilmodernisierungen

Unübersehbar ist jedoch vor allen Dingen, daß der Nationalsozialismus die Demokratie bekämpft hat und daß er rassistisch war. Er hat also Emanzipation und Partizipation zurückgedrängt, er hat den Kampf als Mittel der Konfliktregelung propagiert und Rücksichtnahme auf andere als Schwäche abgelehnt. Dies waren nicht durch die Umstände herbeigeführte Nebeneffekte des Nationalsozialismus, sondern dies war der Kern seines Wesens. Um diese Prinzipien durchzusetzen, ist er angetreten. Er war eine Gegenreaktion auf die Modernisierungstendenzen. Wer deshalb auch nur von einer partiellen Modernisierung der deutschen Gesellschaft durch den Nationalsozialismus spricht, so hat Norbert Frei hervorgehoben, der löst diesen Begriff „von allen ethischen Normen und politischen Optionen" und argumentiert mit einer „entkernten" Modernisierungstheorie [367: FREI, 375].

Antimoderne Gesamttendenz des Nationalsozialismus

2.14 Die Auflösung der Arbeiterklasse in der Bundesrepublik

Auflösung der Arbeiterklasse ungenügend erforscht

So häufig und sorgfältig die Konstitutierung der Arbeiterklasse untersucht worden ist, so impressionistisch sind bisher die Kenntnisse vom Auflösungsprozeß der Arbeiterklasse. Von den Historikern hat nur Josef Mooser eine breit angelegte Untersuchung zu diesem Thema vorgelegt [165: MOOSER, Arbeiterleben]. Er stützt sich vor allem auf Material, das von der Soziologie geliefert worden ist, und erörtert ihre Thesen, von denen die klassischen schon in den 1940er und 1950er Jahren formuliert worden sind [399: GEIGER, Klassengesellschaft; 415: SCHELSKY, Wandlungen; 138: DAHRENDORF, Soziale Klassen].

Bedeutung des gewachsenen Lebensstandards

Die absolut entscheidende Ursache für die Auflösung der Arbeiterklasse ist für Mooser das Ende der „Proletarität", wie er im Anschluß an GÖTZ BRIEFS [134: Das gewerbliche Proletariat] die elende Lage der Arbeiterschaft nennt. Nachdem die Lebenshaltung der Arbeitnehmer bis weit in die 1950er Jahre bescheiden, ja kärglich geblieben war [420: WILDT], ermöglichen der beispiellose Anstieg des Lebensstandards, die reichliche Versorgung mit bisher unvorstellbaren Gütern des Lebensgenusses (z.B. Autos und Fernsehern), die Zunahme der Freizeit, Auslandsreisen, soziale Sicherungen u.a.m. den Arbeitern einen Lebensstil, der sich von dem anderer Bevölkerungsteile nicht wesentlich unterscheidet. Im politischen Raum stehen sie dank gleicher demokratischer Rechte und gestützt auf starke Gewerkschaften an Einfluß kaum hinter anderen Gruppen zurück. Deshalb fehlt jeder Anreiz, als geschlossene Klasse einen Kampf gegen andere Teile der Gesellschaft zu führen, es sei denn, ihre gegenwärtige Stellung würde bedroht.

„Fahrstuhleffekt"?

Die Steigerung der Löhne und Sozialeinkommen hat die Einkommens- und Vermögensverteilung nicht grundlegend verändert [394: BOLTE/HRADIL, Ungleichheit, 134ff.]. Von Kritikern an der heutigen Gesellschaft wird deshalb davon gesprochen, die Verbesserung der Lebenshaltung sei nur ein „Fahrstuhleffekt": die gesamte Gesellschaft habe sich um eine Etage gehoben, wer unten gewesen sei, sei immer noch unten [181: DEPPE/DÖRRE, in Tenfelde (Hrsg.), Arbeiter, 739]. Der Aufstieg im Fahrstuhl beendet jedoch möglicherweise Klassenkampf. Um im Bild zu bleiben: Es macht einen Unterschied, ob man im Keller haust und sich aus Mangel an Licht und Luft anschickt, die oberen Etagen zu stürmen, oder ob man zu ebener Erde wohnt. Das Unten-Sein kann qualitativ sehr Unterschiedliches bedeuten.

Die Dichotomie der Gesellschaft schwächt sich ab. Außer der Auflösung der Arbeiterklasse sind weitere Faktoren wirksam, z.T.

schon seit langer Zeit. Neben dem „alten Mittelstand" der kleineren selbständigen Gewerbetreibenden, der sich im großen und ganzen behauptet hat, erwächst ein immer stärkerer „neuer Mittelstand" von Angestellten und Beamten. Betrug der Anteil der Arbeiter an allen Lohnabhängigen 1882 über 88,7%, so war er in der Bundesrepublik 1950 auf 71,8%, im April 1990 auf 41,9% gesunken [errechnet nach 394: BOLTE HRADIL, Ungleichheit, 101; Statist. Jb. BRD 1992, 118]. Angestellte und Beamte sind lohnabhängig wie die Arbeiter, fühlten sich in der Vergangenheit aber nie als Ausgebeutete und Unterdrückte. Sie nahmen in den Klassenkämpfen der Vergangenheit eine vermittelnde Stellung ein, etwa in dem Sinne, daß sie die Gewerkschaften stärkten und ihren Kampf für Lohnerhöhungen und Arbeitszeitverkürzungen unterstützten und dabei gleichzeitig für die Bewahrung der gesellschaftlichen und politischen Ordnung eintraten.

Wachsender „neuer Mittelstand"

Gemildert wird der Klassengegensatz, soweit er besteht, durch eine umfangreiche Sozialgesetzgebung. Die Auseinandersetzungen verlieren zudem durch zahlreiche rechtliche Regelungen (Tarifrecht, Mitbestimmung) an Schärfe. Auf seiten der Unternehmer lockert die Trennung von Eigentümer- und Leitungsfunktionen die Frontstellung auf, auf seiten der Arbeiter die zunehmend vielfältigen beruflichen Qualifikationen [394: BOLTE/HRADIL, Ungleichheit, 103 f.]. Eine rege soziale Mobilität läßt erkennen, daß Nachteile des Arbeiterstatus nicht nur kollektiv durch Anstrengungen der Klasse überwunden werden können, sondern auch individuell, wenigstens in der Generationenfolge.

Milderung des Klassengegensatzes

Mildernd wirkt außerdem die Unterschichtung der bundesdeutschen Arbeiterschaft durch ausländische Arbeitskräfte, auch dies schon seit dem Ende des Kaiserreichs [181: MOOSER, in TENFELDE (Hrsg.), Arbeiter, 661 f.; 130: BADE, 29 ff.]. Die schwersten, schmutzigsten, am schlechtesten bezahlten Arbeiten werden von Ausländern verrichtet [394: BOLTE/HRADIL, Ungleichheit, 251]. Das erleichtert die Lage der deutschen Arbeiter. Über 5 Millionen Ausländer befanden sich 1990 in Deutschland [109: Zahlen, 10]. Sie machen keine Anstalten, selbst den Kern der alten oder einer neuen Arbeiterklasse zu bilden [400: GLATZER/ZAPF, Lebensqualität, 292]. Für die meisten stellt ihre Lage in Deutschland eine eindeutige Verbesserung gegenüber der in ihrer Heimat dar. In der Regel betrachten sie ihre hiesige Situation als vorübergehend, und viele beabsichtigen, sich in ihrer Heimat eine mittelständische Existenz aufzubauen.

Unterschichtung durch ausländische Arbeitskräfte

Schließlich sind wichtige politische Entscheidungen nicht entlang der Klassenlinie zu lösen. Nach 1945 waren sich Unternehmer und Ar-

Politische Fronten z. T. „quer zur Klassenlinie"

beiter in der Ablehnung des Nationalsozialismus einig, ebenso in der Bekämpfung des Kommunismus. In den Auseinandersetzungen um industrielle und „postindustrielle" Ziele deutet sich gelegentlich eine Interessengemeinschaft zwischen Unternehmern und Arbeitern an. So plädieren Unternehmerverbände und Gewerkschaften gleicherweise für Wirtschaftswachstum, beide Seiten sind zeitweise für den Einsatz der Kernkraft eingetreten. Wenn es um den Schutz gefährdeter Betriebe und Branchen ging (Steinkohle-Bergbau, Werften), bemühten sich Unternehmer und Gewerkschaften gleichermaßen um Staatshilfe. Umgekehrt versuchte auch der Staat, auf Gewerkschaften und Unternehmer einzuwirken, um die wirtschaftliche Gesamtentwicklung in seinem Sinne zu steuern. Eine solche „trilaterale" Zusammenarbeit und gegenseitige Beeinflussung von Staat und mächtigen Interessengruppen wird häufig als Korporatismus oder Neo-Korporatismus beschrieben [393: v. BEYME].

„Korporatismus"

U. a., weil die meisten politischen Fragen die Gesamtgesellschaft betreffen, hat die SPD nicht nur programmatisch, sondern auch in ihrer Zusammensetzung aufgehört, eine Arbeiterpartei zu sein. Der Anteil der Arbeiter an ihren Mitgliedern betrug schon 1976 nur noch 22%. Selbst im DGB stellten die Arbeiter 1981 nur noch 68% der Mitglieder, wobei ein Alterungsprozeß unübersehbar ist [165: MOOSER, Arbeiterleben, 183, 193, 219; 155: KLÖNNE, 352].

Rückgang des Arbeiteranteils bei SPD und DGB

Die Überzeugung, die Gesellschaft bestehe aus antagonistischen Klassen, ist in der alten Bundesrepublik allerdings keineswegs verschwunden und konnte durch relativ geringfügige Anlässe auch zunehmen. Als 1980 Arbeitnehmer befragt wurden, ob Klassenkampf heute noch nötig sei, bejahten dies 25%, zweieinhalb Jahre später waren es 35%. Dementsprechend hielten 1980 58% der Befragten Klassenkampf für einen überholten Begriff, im Dezember 1982 nur noch 50% [103: Allensbacher Jahrbuch, Bd. 8, 403]. Neuere Ergebnisse liegen anscheinend nicht vor.

Nachhinkendes Bewußtsein

Die Hebung des Lebensstandards, der zahlenmäßige Rückgang der deutschen Arbeiterschaft, ihre zunehmende Fragmentierung durch unterschiedliche berufliche Qualifikationen, ihre Unterschichtung durch eine Gastarbeiterschaft, die ihrerseits das Gefühl des Aufsteigens hat, die lebhafte soziale Mobilität und die Tatsache, daß politische Grundfragen ebenso wie wirtschaftliche Fragen etwa der Wettbewerbsfähigkeit immer weniger entlang einer Klassenlinie entschieden werden können – alle diese Momente haben in der bundesdeutschen Gesellschaft die Klassenstruktur weitgehend aufgelöst. Das heißt nicht, daß sie ganz verschwunden ist. Die bewußtseinsmäßige Komponente ist offenbar durchaus feststellbar. Möglicherweise kann die Klassenstruktur wieder bedeutungsvoller werden. Marxistisch orientierte Soziologen setzen hierauf ihre Hoffnung [z.B. 181: DEPPE/DÖRRE, in TENFELDE (Hrsg.), Arbeiter, 726ff.]. Jedenfalls hat der Prozeß der Klassenauflösung ein „offenes Ende" [165: MOOSER, Arbeiterleben, 229]. Trotzdem ist es sehr fraglich, ob sich die Arbeiterklasse noch einmal rekonstituieren wird, um einen Kampf zur Umgestaltung der Gesellschaft aufzunehmen. Soweit sich eine neue Polarisierung der Gesellschaft anbahnt, stehen die berufstätigen Arbeiter eher auf seiten des Establishments.

Auflösung der Klassenstruktur mit „offenem Ende"

Es sei an die „konkurrierenden Strukturen" erinnert, von denen JÜRGEN KOCKA gesprochen hat [205: Lohnarbeit, 29]. Es handelt sich um ein Mehr oder Weniger, nicht um ein Entweder-Oder. Es gilt also abzuschätzen, wie bedeutungsvoll Klassenstrukturen und -probleme im Vergleich mit anderen Strukturen und Problemen gegenwärtig sind.

2.15 Die Schichtungsmodelle für die Bundesrepublik

Wenn man, nachdem die Klassenstrukturen unwichtiger geworden sind, sich nicht damit begnügen will, eine „neue Unübersichtlichkeit" (HABERMAS) zu konstatieren, muß man versuchen, die soziale Struktur der Bundesrepublik zu ermitteln. Dazu bietet die Soziologie eine Vielzahl konkurrierender Modelle, die KARL MARTIN BOLTE und STEFAN HRADIL 1984 zusammenfassend vorgestellt haben [394: Ungleichheit].

Die Einkommens- und Vermögensverteilung hat sich seit 1950 nicht wesentlich verändert. Nur ein schwacher Trend zeichnet sich ab zugunsten einer ausgeglicheneren Verteilung im Mittelbereich und einer stärkeren Differenzierung in den Extremen [411: MIEGEL, 157]. Unter Berücksichtigung der ganzen Familien zeigte sich 1983 folgende Verteilung [411: MIEGEL, 98ff.]:

Abb. 4: Einkommens- und Vermögensverteilung in der Bundesrepublik

Wenig veränderte Verteilung von Einkommen und Vermögen

	Anteil an der Bevölkerung	Anteil am Einkommen	Anteil am Vermögen
Reiche	2,1	9,2	19,2
Wohlhabende	18,9	31,8	38,4
Gutgestellte	29,6	29,7	24,7
Unterdurchschnittliche	34,8	23,6	14,2
Schlechtgestellte	13,6	5,8	3,5

Die Arbeiter stellen etwa 30% der durchschnittlich verdienenden „Gutgestellten“. Mit 40,7% sind sie unter den unterdurchschnittlich Gestellten überrepräsentiert. Die Schlechtgestellten werden mehrheitlich von Versorgungsempfängern gebildet. Arbeiter stellen in dieser Gruppe ebenfalls 40%, zum größeren Teil Ausländer. Auch hieraus wird die Unterschichtung der deutschen Arbeiterschaft und die Herausbildung einer neuen Armut deutlich. Es gibt Anzeichen dafür, daß sich die Arbeiterschaft differenziert: während ein kleinerer Teil absinkt, steigt der andere in den Bereich der Mittelschicht zu den unteren Beamten und Angestellten auf und bildet mit ihnen eine neue Schicht der „Arbeitnehmerschaft“ [155: KLÖNNE, 355; 188: LEPSIUS, in Wehler (Hrsg.), Klassen, 192].

Wenig veränderte Schichtung des Prestiges

Statt objektiver Kriterien für die gesellschaftliche Ordnung kann man auch subjektive wählen, indem man von der Frage ausgeht, welche Berufsangehörigen nach Auffassung der Bevölkerung die verschiedenen Schichten bilden. Die Stärke dieser Prestigeschichten hat sich nach Kleining in der Bundesrepublik wenig verändert [404]. Ein graphisches Abbild dieses Schichtenaufbaus zeigt eine Zwiebelform mit einer länger ausgezogenen Spitze und einer stumpferen „Wurzel“ [394: BOLTE/HRADIL, Ungleichheit, 220].

Beschränkte Aufstiegskanäle für Abkömmlinge der Unterschichten

Es ist schließlich untersucht worden, in welchem Maße Abkömmlinge aus den verschiedenen Schichten Zugang zu Positionen der Macht haben. Solche Positionen sind nicht nur im politischen Bereich festgestellt worden, sondern u. a. auch in den Massenmedien, den Wirtschaftsunternehmen und -verbänden, anderen Interessenverbänden, in den Gewerkschaften, der Wissenschaft und dem Militär. Dabei zeigt sich, daß Oberschichtabkömmlinge bevorzugt sind, die untere Mittelschicht etwa anteilsmäßig repräsentiert ist und die Unterschichten benachteiligt sind. Interessanter ist, daß es Kanäle zu Macht und Einfluß für Unterschichtsabkömmlinge gibt, und zwar im Bereich der Politik und über die Gewerkschaften. Arbeiter und Arbeiterabkömmlinge, nicht nur aus der unteren Mittelschicht, sondern aus den Unterschichten, haben durchaus eine Chance, an den gesellschaftlichen Entscheidungen im engeren Sinne mitzuwirken. Von gleichen Zugangshäufigkeiten kann aber keine Rede sein [394: BOLTE/HRADIL, Ungleichheit, 187].

„Mittelschichtdominante Wohlstandsgesellschaft“

Karl Martin Bolte und Stefan Hradil haben ihre Untersuchungen in der Aussage zusammengefaßt, die Bundesrepublik sei eine vielfältig differenzierte, „mittelschichtdominante Wohlstandsgesellschaft“ [394: BOLTE/HRADIL, 351].

Solche soziologischen Forschungen befriedigen den Historiker nur teilweise. Sie beschreiben Zustände und Trends, ohne anzugeben, welche Wirkungen von den festgestellten Sachverhalten ausgehen. Diesem Dilemma entgehen in einem höherem Maße Milieu-Untersuchungen. Milieus werden gebildet von Menschen ähnlicher sozialer Lage und vor allem auch ähnlicher kultureller Situation und ähnlicher politisch-sozialer Überzeugung. Michael Vester, der mit einer Arbeitsgruppe die jüngste große Milieu-Untersuchung durchgeführt hat, unterscheidet folgende Milieus in der Bundesrepublik (alte Länder) [419: VESTER, Soziale Milieus, 16]:

Milieu-Untersuchungen

Abb. 5: Arbeitermilieus in Westdeutschland (Anteile an der Gesamtgesellschaft in %)

Unterschiedliche Arbeiter-Milieus

	1982	1992
Arbeiterklassenhabitus insgesamt	18	22
davon:		
traditionell (traditionelles Arbeitermilieu)	9	5
teilmodernisiert (traditionsloses Arbeitermilieu)	9	12
modernisiert (neues Arbeitnehmermilieu)	0	5

Das traditionelle Arbeitermilieu (1992 = 5%) ist gekennzeichnet durch das Gefühl, unten zu sein. Man strebt nach einem sicheren Auskommen und schränkt seine materiellen Bedürfnisse ein. Sparsamkeit, Fleiß und Bescheidenheit gelten noch als Tugenden. Politische Verdrossenheit ist weit verbreitet. Mehr resigniert als mit aggressiven Gruppen sympathisierend, ist man politisch eher „sehr enttäuscht".

Daneben gibt es ein teilmodernisiertes Arbeitermilieu, 1992 12% der Bevölkerung umfassend, vielfach von „neuer Armut" geprägt, aber bestrebt, in Statussymbolen (Auto, Video) den Anschluß an die Mittelklasse zu halten. Daher lebt man oft „über die Verhältnisse". Das Verhältnis zur Politik ist vor allem skeptisch-distanziert, oft auch gemäßigt-konservativ, obgleich auch hier die „sehr Enttäuschten" nicht selten sind.

Am interessantesten ist schließlich das erst in den letzten zehn Jahren entstandene Neue Arbeitnehmermilieu. Es wird von hochqualifizierten Angestellten und Arbeitern gebildet, die oft in neuen Berufen mit Reparatur-, Wartungs- und Kontrollfunktionen tätig sind. Sie streben nicht nach Aufstieg, sondern wollen bewußt Arbeiter sein und bleiben, weil sie sich als die eigentlichen Macher und Könner in einer von neuen Technologien geprägten Arbeitswelt fühlen. Sie fürchten sich nicht vor technischen Neuerungen und sozialen Wandlungen, sondern empfinden sich als ihre Nutznießer. Aus Interesse und Leistungsbereitschaft halten sie lebenslanges Lernen für selbstverständlich. Politisch

Ethos des „Neuen Arbeitermilieus"

sind sie sozial-integrativ oder radikal-demokratisch, durchweg kritisch-engagiert, allerdings mehr in Basisgruppen als in einer Partei.

Schließlich muß das zur Mittelklasse gehörende Aufstiegsorientierte Milieu genannt werden, weil in ihm nicht wenige Menschen zu finden sind, die von Beruf Arbeiter sind. Sie wollen vorwärts kommen, also wenigstens in der Generationenfolge nicht Arbeiter bleiben. Politisch dominieren bei ihnen gemäßigt-konservative Einstellungen.

In der Auseinandersetzung mit der Neuen Linken seit dem Ende der 1960er Jahre hat sich die Arbeiterschaft als ein Teil der etablierten Gesellschaft gezeigt. Das Neue Arbeitnehmermilieu könnte ein Hinweis darauf sein, daß sich in der Arbeiterschaft auch ein entsprechendes Elitebewußtsein und -verhalten bildet.

2.16 Die Auflösung der Arbeiterklasse in der DDR

Die Gesellschaft der DDR ist unter denselben Fragestellungen untersucht worden wie die bundesdeutsche Gesellschaft. Dabei hat sich herausgestellt, daß die Bevölkerung der DDR in ihrer Mentalität traditioneller strukturiert war als die Bundesrepublik. Dem traditionellen Arbeitermilieu Westdeutschlands, das 1992 ja nur noch 5% der Gesellschaft umfaßte, entsprach in der DDR z. B. ein „traditionsverwurzeltes Arbeiter- und Bauernmilieu" von 27% der Bevölkerung [419: VESTER, 62]. Auch die Beschäftigtenstruktur in der DDR war traditioneller als in der Bundesrepublik. 1990 stellte die Arbeiterschaft in der DDR 52,3% der Erwerbsbevölkerung, in der Bundesrepublik nur 37,4% [153: HÜBNER, in KAELBLE u. a. (Hrsg.), Sozialgeschichte, 173].

Traditionellere Milieustruktur in der DDR

Trotz dieser Sachverhalte trat eine selbständig handelnde Arbeiterklasse in der Revolution von 1989/90 weder für noch gegen das SED-Regime in Erscheinung.

Es spricht vieles dafür, daß sich die Arbeiterklasse in der DDR zwischen dem Juni 1953 und dem November 1989 weitgehend aufgelöst hat. Über den Prozeß ist so gut wie nichts bekannt. Es ist erstaunlich, daß sich in der DDR offensichtlich Ähnliches vollzogen hat wie in der Bundesrepublik, obwohl die Bedingungen diametral entgegengesetzt waren. In der Bundesrepublik gab es ein hohes materielles Lebensniveau bei weiterbestehenden gesellschaftlichen Ungleichheiten, in der DDR ein eher niedriges Niveau bei weitgehender gesellschaftlicher Gleichheit, trotzdem war das Ergebnis ähnlich. Über die Ursachen kann man gegenwärtig nur Vermutungen anstellen.

Zum einen wird die Begünstigung bedeutsam gewesen sein, die die Arbeiter von seiten des Regimes in mancher Beziehung erfahren haben. Arbeiterkindern wurde der Aufstieg erleichtert, sie wurden z.T. ausgesprochen ermuntert. Es gab, vor allem in den Gebieten mit neuen Industrien, einen umfangreichen Wohnungsbau für die Arbeiter, der natürlich auch propagandistisch entsprechend herausgestellt wurde. Eine Sozialpolitik mit großzügigen Regelungen für junge Ehen und Mütter kam den Arbeitern ebenfalls zugute. Vor allem die Betriebe stellten eine Vielzahl sozialer Leistungen zur Verfügung [153: ROESLER, in KAELBLE u.a. (Hrsg.), Sozialgeschichte, 161; HÜBNER ebd., 180]. Die Löhne sicherten ein befriedigendes Einkommen auch dann, wenn die volkswirtschaftlichen Ergebnisse der Betriebe hinter den Normen zurückblieben. [432: HÜBNER 25ff.; 153: ROESLER, in KAELBLE u.a. (Hrsg.), 163]. Solche Leistungen der Lohn- und Sozialpolitik mochten, gemessen am westdeutschen Standard, gering erscheinen, für die DDR und andere Ostblockländer waren sie es nicht.

Sozialleistungen für die Arbeiterschaft der DDR

Auf der anderen Seite wirkte die Unterdrückung. Es gab keine Arbeitervertretungen [66: HELF, in WEBER (Hrsg.), Parteiensystem, 339ff.]. Die Bespitzelung drang bis in die Familien [186: WALTER/DÜRR/SCHMIDTKE, 165f.]. Überdies hatte das Regime den Arbeitern auch die Ideologie und die Begriffe gestohlen. Wann immer z.B. vom Kampf der Arbeiterklasse die Rede war, war der Kampf der Kommunistischen Parteien gemeint, und Sozialismus bedeutete nicht ein System ohne Ausbeutung, sondern Parteiherrschaft. So fehlten den Arbeitern denn auch die Begriffe, um sich zu verständigen.

Unterdrückung

Schließlich: Auch alle anderen gesellschaftlichen Gruppen verloren ihre Identität. Sie verloren ihre Organisationen, ihr Eigentum, ihre berufliche Basis. Sie behielten gerade noch gewisse Mentalitäten, wie sie Vester 1990/91 feststellen konnte. Diese in der Geschichte einzigartige Nivellierung und Egalisierung der Gesellschaft kam in gewisser Weise der Arbeiterschaft zugute.

Nivellierung der gesamten Gesellschaft

Neben der Gleichheit, die unterhalb der Machtelite realisiert wurde, traten als weitere Werte Sicherheit und Geborgenheit. Krisenfreiheit und Beschäftigungsgarantie wurden mit der Aussicht auf ökonomisches Wachstum als ein einheitliches sozialistisch-normatives System empfunden. Die Verwirklichung dieses Systems ließ immer erhebliche Wünsche offen, seine Werte wurden jedoch als „sozialistische Errungenschaften" von der SED propagandistisch herausgestellt und von der Bevölkerung bejaht [435: MEUSCHEL, 234 und 306]. Die Planwirtschaft wirkte wie eine Art Versicherung [153: HÜBNER, in KAELBLE u.a. (Hrsg.), Sozialgeschichte, 181].

Sicherheit als allgemein bejahter Wert

In dem stillschweigenden Kompromiß., der etwa seit den 60er Jahren zwischen DDR-Bevölkerung und Führung bestand, hatten die

Stillschweigender gesellschaftlicher Kompromiß

Arbeiter keine schlechte Stellung [153: Kohli, in Kaelble u. a. (Hrsg.), Sozialgeschichte, 49]. Die SED war auf die Improvisationsgabe und den guten Willen der Arbeiter um so mehr angewiesen, je knapper die Ressourcen wurden. Auch glaubte die SED, daß Arbeitskräfte knapp seien. In dieser Situation wurden persönliche Aktivitäten der Bevölkerung aus dem politisch-gesellschaftlichen Raum in den privaten umgelenkt. Individuelle Nischen wurden ausgebaut, z. T. unter findiger Ausnutzung einer Schattenwirtschaft.

Gegenemanzipatorische Gesamttendenz der SED-Herrschaft

Dieser Zustand währte, etwa im Vergleich zum Dritten Reich, über einen langen Zeitraum. Ähnlich wie beim Nationalsozialismus ist man versucht, von einer partiellen Modernisierung der Gesellschaft durch die SED zu sprechen, weil ein hohes Maß an Egalität hergestellt worden ist. Ebenso wie beim Nationalsozialismus zögert man, in diesem Zusammenhang von Modernisierung zu sprechen, weil die gegenemanzipatorische Gesamttendenz der SED-Herrschaft unübersehbar ist. Das Aufbegehren 1989/90 äußerte sich ja nicht, weil die SED die Bevölkerung zur Mündigkeit erzogen hätte, sondern, obwohl sie alles getan hatte, sie in Unmündigkeit zu belassen.

Offene Fragen bei vermutlich guter Quellenlage

Wissenschaftlich untersucht ist dies alles nicht. Man darf auf die zukünftigen Forschungen gespannt sein. Untersuchungen zur sozialen Situation einer Werksbelegschaft oder eines Wohngebiets, zur Mentalität verschiedener Bevölkerungsgruppen, zu prägenden Einflüssen und Ereignissen, um nur einiges zu nennen, werden vielerlei, vielleicht überraschende Aufschlüsse geben. Die Quellenlage ist wegen der Überwachung der Bevölkerung womöglich besser als für alle anderen Epochen der deutschen Geschichte.

III. Quellen und Literatur

Wegen der Begrenzung des Raumes kann nur eine schmerzlich kleine Auswahl der Quellen und der Literatur genannt werden. Aufsätze in den Sammelbänden sind nicht noch einmal gesondert aufgeführt worden. Im Zweifel sind Quellen stärker berücksichtigt als Monographien. Auf die Bibliographien und die umfangreichen Literaturangaben in der „Geschichte der Arbeiter und der Arbeiterbewegung in Deutschland" sei nachdrücklich hingewiesen.

Die Zeitschriften werden wie in der „Historischen Zeitschrift" abgekürzt.

1. Quellen und ältere Darstellungen (bis etwa 1914)

1.1 Schriften von Vertretern der Arbeiterbewegung

1. A. BEBEL, Aus meinem Leben. 3 Bde. Stuttgart/Berlin 1910–1914.
2. DERS., Die Frau und der Sozialismus (Die Frau in der Vergangenheit, Gegenwart und Zukunft). 16. Aufl. Stuttgart 1892.
3. E. BERNSTEIN, Die Voraussetzungen des Sozialismus und die Aufgaben der Sozialdemokratie. 2. Aufl. Stuttgart/Berlin 1921 (Nachdruck Hannover 1964).
4. W. BRANDT, Links und frei. Mein Weg 1930–1950. Hamburg 1982.
5. W. DITTMANN, Erinnerungen. Hrsg. von J. ROJAHN. 3 Bde. Frankfurt/New York 1995.
6. F. EBERT, Schriften, Aufzeichnungen, Reden. Hrsg. v. F. EBERT JR. 2 Bde. Dresden 1926.
7. I. FISCHER (Hrsg.), August Bebel und der Verband Deutscher Arbeitervereine 1867/68. Brieftagebuch und Dokumente. Bonn 1994.
8. Mit dem Gesicht nach Deutschland. Eine Dokumentation über die sozialdemokratische Emigration. Aus dem Nachlaß von Friedrich Stampfer. Hrsg. von E. MATTHIAS. Düsseldorf 1968.

9. E. W. GNIFFKE, Jahre mit Ulbricht. Köln 1966.
10. W. HOEGNER, Die verratene Republik. Geschichte der deutschen Gegenrevolution. München 1958.
11. K. KAUTSKY, Karl Marx' ökonomische Lehren. Stuttgart 1887.
12. W. KEIL, Erlebnisse eines Sozialdemokraten. 2 Bde. Stuttgart 1947 und 1948.
13. F. LASSALLE, Gesammelte Reden und Schriften. Hrsg. v. E. BERNSTEIN. 12 Bde. Berlin 1919–20.
14. J. LEBER, Ein Mann geht seinen Weg. Schriften, Reden und Briefe. Berlin/Frankfurt 1952.
15. K. LIEBKNECHT, Gesammelte Reden und Schriften. Hrsg. vom Institut für Marxismus-Leninismus beim ZK der SED. 9 Bde. Berlin 1958–68.
16. R. LUXEMBURG, Gesammelte Werke. 5 Bde. Berlin 1970–75.
17. KARL MARX/FRIEDRICH ENGELS, Gesamtausgabe (MEGA). Hrsg. von der Internationalen Marx-Engels-Stiftung Amsterdam. 1. Abt.: Werke, Artikel, Entwürfe. 2. Abt.: „Das Kapital" und Vorarbeiten. 3. Abt.: Briefwechsel. 4. Abt.: Exzerpte, Notizen, Marginalien. [Z. Zt. 47 Bde.] Berlin ab 1975.
18. K. MARX/F. ENGELS, Werke [MEW]. Hrsg. vom Institut für Marxismus-Leninismus beim ZK der SED. Bde. 1–39 und 2 Erg.-Bde. Berlin 1956–1968.
19. F. MEHRING, Geschichte der Deutschen Sozialdemokratie. 4 Bde. 2. Aufl. Stuttgart 1903.
20. R. MEYER-LEVINÉ, Im inneren Kreis. Erinnerungen einer Kommunistin in Deutschland 1920–1933. Köln 1979.
21. R. MÜLLER, Der Bürgerkrieg in Deutschland. Geburtswehen der Republik. Berlin 1925.
22. G. NOSKE, Erlebtes aus Aufstieg und Niedergang einer Demokratie. Offenbach 1947.
23. P. SCHEIDEMANN, Memoiren eines Sozialdemokraten. 2 Bde. Dresden 1928.
24. C. SEVERING, Mein Lebensweg. 2 Bde. Köln 1950.
25. F. STAMPFER, Die ersten 14 Jahre der Deutschen Republik. Offenbach 1947.
26. E. THAPE, Von Rot zu Schwarz-Rot-Gold. Lebensweg eines Sozialdemokraten. Hannover 1969.

1.2 Quellen zur politischen Geschichte, besonders zur Geschichte der Parteien und Gewerkschaften

27. S. ASGODOM (Hrsg.), „Halts Maul – sonst kommst nach Dachau!" Frauen und Männer aus der Arbeiterbewegung berichten über Widerstand und Verfolgung unter dem Nationalsozialismus. Köln 1983.
28. P. BARTHEL (Hrsg.), Handbuch der deutschen Gewerkschaftskongresse. Dresden 1916.
29. B. W. BOUVIER/H.-P. SCHULZ (Hrsg.), „... die SPD aber hat aufgehört zu existieren". Sozialdemokraten unter sowjetischer Besatzung. Bonn 1991.
30. H. BRANDT, Ein Traum, der nicht entführbar ist. Mein Weg zwischen Ost und West. München 1967.
31. Der Bund der Kommunisten. 3 Bde. Berlin 1983/84.
32. Deutschland-Berichte der Sozialdemokratischen Partei Deutschlands (Sopade) 1934–1940. 7 Bde. Salzhausen/Frankfurt 1980.
33. Dokumente aus geheimen Archiven. Übersichten der Berliner politischen Polizei über die allgemeine Lage der sozialdemokratischen und anarchistischen Bewegung 1878–1913. Bd. 1: 1878–1889. Weimar 1983. Bd. 2: 1890–1906. Weimar 1989. Bd. 4: Berichte des Berliner Polizeipräsidenten zur Stimmung und Lage der Bevölkerung in Berlin 1914–1918. Weimar 1987. Bd. 5: Die Polizeikonferenzen deutscher Staaten 1851–1866. Präliminardokumente, Protokolle und Anlagen. Weimar 1993.
34. Dokumente und Materialien zur Geschichte der deutschen Arbeiterbewegung. Hrsg. v. Institut für Marxismus-Leninismus beim Zentralkomitee der Sozialistischen Einheitspartei Deutschlands. Reihe 1: Bis 1914. Reihe 2: 1914–1945. Reihe 3: Ab 1945. Berlin ab 1957.
35. Programmatische Dokumente der deutschen Sozialdemokratie. Hrsg. von D. DOWE und K. KLOTZBACH . 3. Aufl., Bonn 1990.
36. Einheitsdrang oder Zwangsvereinigung? Die Sechziger-Konferenzen von KPD und SPD 1945 und 1946. Berlin 1990.
37. R. J. EVANS (Hrsg.), Kneipengespräche im Kaiserreich. Die Stimmungsberichte der Hamburger Politischen Polizei 1892–1914. Reinbek 1989.
38. O. K. FLECHTHEIM (Hrsg.), Dokumente zur parteipolitischen Entwicklung in Deutschland seit 1945. Bde. 1–9. Berlin 1962–1971.
39. Archivalische Forschungen zur Geschichte der deutschen Arbeiterbewegung. Veröffentlicht vom Institut für Geschichte der Deut-

schen Akademie der Wissenschaften zu Berlin. Hrsg. v. L. STERN. Bde. 1–4, 6, 7. Berlin ab 1954.

40. P. FRIEDEMANN (Hrsg.), Materialien zum politischen Richtungsstreit in der deutschen Sozialdemokratie 1890–1917. 2 Bde. Frankfurt 1978.
41. G. GRUNER/M. WILKE (Hrsg.), Sozialdemokraten im Kampf um die Freiheit. Die Auseinandersetzungen zwischen SPD und KPD 1945/46. Stenographische Niederschrift der Sechziger-Konferenz am 20./21. Dezember 1945. München 1981.
42. Deutsche Handwerker- und Arbeiterkongresse 1848–1852. Protokolle und Materialien. Hrsg. von D. DOWE und T. OFFERMANN. Berlin/Bonn 1983.
43. R. HÖHN, Die vaterlandslosen Gesellen. Der Sozialismus im Licht der Geheimberichte der preußischen Polizei 1878–1914. Bd. 1: (1878–1890). Köln/Opladen 1964.
44. Der deutsche Kommunismus. Dokumente 1915–1945. Hrsg. von H. WEBER. 3. Aufl. Köln 1973.
45. Allgemeiner Kongreß der Arbeiter- und Soldatenräte. Vom 16. bis 21. Dezember 1918 im Abgeordnetenhaus zu Berlin. Stenographische Berichte. 2. Aufl. Berlin 1975.
46. II. Kongreß der Arbeiter-, Bauern- und Soldatenräte Deutschlands. Vom 8. bis 14. April 1919 im Herrenhaus zu Berlin. Stenographisches Protokoll. Glashütten 1975.
47. W. LEONHARD, Die Revolution entläßt ihre Kinder. Köln/Berlin 1955.
48. W. LUTHARDT (Hrsg.), Sozialdemokratische Arbeiterbewegung und Weimarer Republik. Materialien zur gesellschaftlichen Entwicklung 1927–1933. 2 Bde. Frankfurt/M. 1978.
49. E. MATTHIAS/E. PIKART (Bearb.), Die Reichstagsfraktion der deutschen Sozialdemokratie 1898 bis 1918. 2 Bde. Düsseldorf 1966.
50. Meldungen aus dem Reich. Die geheimen Lageberichte des Sicherheitsdienstes der SS 1938–1945. Hrsg. von H. BOBERACH. 17 Bde. Herrsching 1984.
51. A. MITTER/S. WOLLE (Hrsg.), Ich liebe euch doch alle! Befehle und Lageberichte des MfS Januar – November 1989. 2. Aufl. Berlin 1990.
52. R. MÜLLER, Vom Kaiserreich zur Republik. 2 Bde., Wien 1924.
53. S. NA'AMAN (Hrsg.), Von der Arbeiterbewegung zur Arbeiterpartei. Der Fünfte Vereinstag der Deutschen Arbeitervereine zu Nürnberg im Jahre 1868. Berlin 1976.

54. S. NA'AMAN/H.-P. HARSTICK, Die Konstituierung der deutschen Arbeiterbewegung 1862/63. Darstellung und Dokumentation. Assen 1975.
55. Protokoll über die Verhandlungen des Parteitages der Sozialdemokratischen Partei Deutschlands. Abgehalten zu … vom … Berlin … (Nachdruck Berlin/Bonn 1980).
56. Protokolle und Materialien des Allgemeinen Deutschen Arbeitervereins (inkl. Splittergruppen). Hrsg. von D. DOWE. Berlin/Bonn 1980.
57. Protokolle der Sitzungen des Parteiausschusses der SPD 1912 bis 1921. 2 Bde. Berlin/Bonn 1980.
58. Quellen zur Geschichte der deutschen Gewerkschaften im 20. Jahrhundert. Bde. 1–4 und 6–8. Köln 1982 bis 1991.
59. Quellen zur Geschichte des Parlamentarismus und der politischen Parteien. Reihe 1–3. Daraus vor allem zum 1. Weltkrieg und zur Revolution: Reihe 1, Bde. 1–4, 6, 9, 10; Zur Weimarer Republik Reihe 3, Bde. 2 und 6. Düsseldorf 1959 bis 1987.
60. Quellen zur Geschichte der Rätebewegung in Deutschland 1918/19. 3 Bde. Leiden und Düsseldorf ab 1968.
61. A. RATHMANN, Ein Arbeiterleben. Erinnerungen an Weimar und danach. Wuppertal 1983.
62. Die Deutsche Revolution 1918/1919. Dokumente. Hrsg. von G. A. RITTER und S. MILLER. 2. Aufl. Frankfurt/M. 1983.
63. O.-E. SCHÜDDEKOPF, Karl Radek in Berlin. Ein Kapitel deutsch-russischer Beziehungen im Jahre 1919, in: AfS 2 (1962) 87–166.
64. H. SCHULZE (Hrsg.), Anpassung oder Widerstand? Aus den Akten des Parteivorstands der deutschen Sozialdemokratie 1932/33. Bonn-Bad Godesberg 1975.
65. H. WEBER (Hrsg.), Der Gründungsparteitag der KPD. Protokoll und Materialien. Frankfurt/Wien 1969.
66. DERS. (Hrsg.), Parteiensystem zwischen Demokratie und Volksdemokratie. Dokumente und Materialien zum Funktionswandel der Parteien und Massenorganisationen in der SBZ/DDR 1945–1950. Köln 1982.
67. Das Werk des Untersuchungsausschusses der Verfassunggebenden Deutschen Nationalversammlung und des Deutschen Reichstags 1919–1930. Verhandlungen, Gutachten, Urkunden. Berlin. Darin vor allem: Reihe 4, 2. Abteilung: Der innere Zusammenbruch. Bde. 4–12. Berlin 1926–1929.
68. Widerstand und Exil der deutschen Arbeiterbewegung 1933–1945. Grundlagen und Materialien. Bonn 1982.

1.3 Quellen zur Sozial- und Wirtschaftsgeschichte

69. G. ALBRECHT, Die Einnahmebudgets des Arbeiterhaushalts, in: Zeitschrift für die gesamte Staatswissenschaft 70 (1914) 371–424.
70. B. v. ARNIM, Dies Buch gehört dem König. 2. Aufl. Berlin 1852.
71. M. BERNAYS, Auslese und Anpassung der Arbeiterschaft der geschlossenen Großindustrie. Dargestellt an den Verhältnissen der „Gladbacher Spinnerei und Weberei" zu München-Gladbach im Rheinland. Leipzig 1910.
72. C. H. BITTER, Bericht über den Notstand in der Senne zwischen Bielefeld und Paderborn, Regierungsbezirk Minden, und Vorschläge zur Beseitigung derselben auf Grund örtlicher Untersuchungen aufgestellt. Hrsg. von G. ENGEL, in: 64. Jahresbericht des Historischen Vereins für die Grafschaft Ravensberg 1964/65. (1966) 1–108.
73. W. EMMERICH (Hrsg.), Proletarische Lebensläufe. Autobiographische Dokumente zur Entstehung der „Zweiten Kultur" in Deutschland. 2 Bde. Reinbek 1974/75.
74. Ergebnisse der über die Frauen- und Kinderarbeit in den Fabriken auf Beschluß des Bundesrats angestellten Erhebungen. Berlin 1876.
75. Ergebnisse der über die Verhältnisse der Lehrlinge, Gesellen und Fabrikarbeiter auf Beschluß des Bundesrats angestellten Erhebungen … Berlin 1876.
76. Erlebnisse eines Metalldrehers, in: Thünen-Archiv 2 (1909) 718–758.
77. P. GÖHRE, Drei Monate Fabrikarbeiter und Handwerksbursche. Eine praktische Studie. Leipzig 1891.
78. DERS. (Hrsg.), Denkwürdigkeiten und Erinnerungen eines Arbeiters [Karl Fischer]. 2 Bde. Leipzig 1903/04.
79. H. GRANDKE, Berliner Kleiderkonfektion. In: Schriften des Vereins für Sozialpolitik 85 (1899) S. 129–389.
80. E. JAFFÉ, Hausindustrie und Fabrikbetrieb in der deutschen Zigarrenfabrikation, in: Schriften des Vereins für Sozialpolitik 86,3 (1899) 279–341.
81. C. JANTKE und D. HILGER, Die Eigentumslosen. Der deutsche Pauperismus und die Emanzipationskrise in Darstellungen und Deutungen der zeitgenössischen Literatur. Freiburg/München 1965.
82. R. KEMPF, Das Leben der jungen Fabrikmädchen in München, in: Schriften des Vereins für Sozialpolitik 135,2 (1911) 1–244.

83. J. KUCZYNSKI, Die Geschichte der Lage der Arbeiter unter dem Kapitalismus. 38 Bde. Berlin 1961–1972.
84. A. LEVENSTEIN (Hrsg.), Aus der Tiefe. Arbeiterbriefe. Berlin 1909.
85. T. W. MASON (Hrsg.), Arbeiterklasse und Volksgemeinschaft. Dokumente und Materialien zur deutschen Arbeiterpolitik 1936–1939. Opladen 1975.
86. R. MICHELS, Die deutsche Sozialdemokratie. 1: Parteimitgliedschaft und soziale Zusammensetzung, in: Archiv für Sozialwissenschaft und Sozialpolitik 23 (1906) (NF 5) 471–556.
87. H. MOMMSEN/S. WILLEMS (Hrsg.), Herrschaftsalltag im Dritten Reich. Studien und Texte. Düsseldorf 1988.
88. L. NIETHAMMER/A. V. PLATO/D. WIERLING, Die volkseigene Erfahrung. Eine Archäologie des Lebens in der Industrieprovinz der DDR. Berlin 1991.
89. D. PEUKERT, Die Edelweißpiraten. Protestbewegungen jugendlicher Arbeiter im Dritten Reich. Eine Dokumentation. 2. Auflage. Köln 1980.
90. A. POPP, Die Jugendgeschichte einer Arbeiterin. 3. Aufl. München 1910.
91. F. REHBEIN, Das Leben eines Landarbeiters. Hrsg. v. P. GÖHRE. Jena 1911.
92. A. SCHNEER, Über die Not der Leinen-Arbeiter in Schlesien und die Mittel, ihr abzuhelfen [1844]. In: L. KRONEBERG/R. SCHLOESSER (Hrsg.), Weber-Revolte 1844. Der schlesische Weberaufstand im Spiegel der zeitgenössischen Publizistik und Literatur. Köln 1979. 113–143.
93. W. STIEDA, Literatur, heutige Zustände und Entstehung der deutschen Hausindustrie. Leipzig 1889.
94. O. STILLICH, Die Lage der weiblichen Dienstboten in Berlin. Berlin/Bern 1902.
95. M. STÜRMER (Hrsg.), Herbst des Alten Handwerks. Quellen zur Sozialgeschichte des 18. Jahrhunderts. München 1979.
96. K. TENFELDE/H. TRISCHLER (Hrsg.), Bis vor die Stufen des Throns. Bittschriften und Beschwerden von Bergarbeitern während der Industrialisierung. München 1986.
97. H. VORLÄNDER (Hrsg.), Die NSV. Darstellung und Dokumentation einer nationalsozialistischen Organisation. Boppard 1988.

1.4 Statistiken und Umfragen

98. Sozialgeschichtliches Arbeitsbuch. 3 Bde. München 1975–1982.
99. G. BRY, Wages in Germany 1871–1945. Princeton 1960.
100. E. ENGEL, Die vorherrschenden Gewerbszweige in den Gerichtsämtern mit Beziehung auf die Produktions- und Konsumtionsverhältnisse des Königreichs Sachsen. II. Das Gesetz der Dichtigkeit, in: Zeitschrift des Statistischen Büros des Königlich Sächsischen Ministeriums des Innern 3 (1857) 153–183.
101. E. FROMM, Arbeiter und Angestellte am Vorabend des Dritten Reiches. Eine sozialpsychologische Untersuchung. Stuttgart 1980.
102. W. G. HOFFMANN, Das Wachstum der deutschen Wirtschaft seit der Mitte des 19. Jahrhunderts. Berlin/Heidelberg/New York 1965.
103. Jahrbuch der öffentlichen Meinung (ab Band 6: Allensbacher Jahrbuch der Demoskopie), Bd. 1: 1947–1955. Allensbach 1956; Bd. 2: 1957. Allensbach 1957; Bd. 3: 1958–1964. Allensbach/Bonn 1965; Bd. 4: 1965–1967. Allensbach/Bonn 1967; Bd. 5: 1968–1973. Allensbach/Bonn 1974; Bd. 6: 1974–1976. Wien/München/Zürich 1976; Bd. 7: 1976–1977. Wien/München/Zürich/Innsbruck 1977; Bd. 8: 1978–1983. München/New York/London/Paris 1983.
104. A. LEVENSTEIN, Die Arbeiterfrage. Mit besonderer Berücksichtigung der sozialpsychologischen Seite des modernen Großbetriebes und der psycho-physischen Einwirkungen auf die Arbeiter. München 1912.
105. W. MÜLLER-JENTSCH, Basisdaten der industriellen Beziehungen. Frankfurt/New York 1989.
106. M. OSTERLAND u. a., Materialien zur Lebens- und Arbeitssituation der Industriearbeiter in der BRD. 5. Aufl. Frankfurt/M. 1973.
107. G. A. RITTER, Wahlgeschichtliches Arbeitsbuch. Materialien zur Statistik des Kaiserreichs 1871–1918. München 1980.
108. Über die Zahl der Urwähler im Preußischen Staate und deren Verteilung nach Geschäften und Erwerbszweigen, in: Mitteilungen des statistischen Büros in Berlin 2 (1849) 17–32.
109. Zahlen zur wirtschaftlichen Entwicklung der Bundesrepublik Deutschland. Ausgabe 1992. Hrsg. vom Institut der deutschen Wirtschaft. Köln 1992.

2. Literatur

2.1 Bibliographien, Archivführer

110. B. ANDRÉAS, Ferdinand Lassalle – Allgemeiner Deutscher Arbeiterverein. Bibliographie ihrer Schriften und der Literatur über sie 1840 bis 1975. Bonn 1981 (= AfS Beiheft 9).

111. Bibliographie zur Geschichte der deutschen Arbeiterbewegung. Hrsg. v. der Bibliothek der Friedrich-Ebert-Stiftung. Bonn ab Jg. 1 (1976).

112. E. COLLOTTI, Die Kommunistische Partei Deutschlands 1918–1933. Ein bibliographischer Beitrag. Mailand 1961.

113. D. DOWE, Bibliographie zur Geschichte der deutschen Arbeiterbewegung, sozialistischen und kommunistischen Bewegung von den Anfängen bis 1863 unter Berücksichtigung der politischen, wirtschaftlichen und sozialen Rahmenbedingungen. Berichtszeitraum 1945–1975. 3. Aufl. Bonn 1981 (= AfS Beiheft 5).

114. DERS., Führer zu den Archiven, Bibliotheken und Forschungseinrichtungen zur Geschichte der europäischen Arbeiterbewegung. Bonn 1984.

115. K. GÜNTHER/K. T. SCHMITZ, SPD, KPD/DKP, DGB in den Westzonen und in der Bundesrepublik Deutschland 1945–1975. Eine Bibliographie. 2. Aufl. Bonn 1980 (= AfS Beiheft 6).

116. K. KLOTZBACH, Bibliographie zur Geschichte der deutschen Arbeiterbewegung 1914–1945. Sozialdemokratie, Freie Gewerkschaften, Christlich-Soziale Bewegungen, Kommunistische Bewegung und linke Splittergruppen. 3. Aufl. Bonn 1981 (= AfS Beiheft 2).

117. G. P. MEYER, Bibliographie zur deutschen Revolution 1918/19. Göttingen 1977.

118. R. MOHL, Die Geschichte und Literatur der Staatswissenschaften. Bd. 3. Erlangen 1858. Neudruck Graz 1960.

119. P. MOMBERT, Aus der Literatur über die soziale Frage in der 1. Hälfte des 19. Jahrhunderts, in: Archiv für die Geschichte des Sozialismus und der Arbeiterbewegung 9 (1921) 169–236.

120. F. NEUBAUER, Marx-Engels Bibliographie. Boppard 1979.

121. H.-H. PAUL (Bearb.), Inventar zu den Nachlässen der deutschen Arbeiterbewegung. Für die zehn westdeutschen Länder und Westberlin. München/London/New York/Paris 1993.

122. E. SCHRAEPLER, August-Bebel-Bibliographie. Düsseldorf 1962.

123. H.-G. SCHUMANN, Die politischen Parteien in Deutschland nach 1945. Ein bibliographisch-systematischer Versuch. Frankfurt/M. 1967.
124. H.-J. STEINBERG, Die deutsche sozialistische Arbeiterbewegung bis 1914. Eine bibliographische Einführung. Frankfurt/New York 1979.
125. K. TENFELDE/G. A. RITTER (Hrsg.), Bibliographie zur Geschichte der deutschen Arbeiterschaft und Arbeiterbewegung 1863–1914. Berichtszeitraum 1945 bis 1975. Bonn 1981 (= AfS Beiheft 8).
126. H.-P. ULLMANN, Bibliographie der deutschen Parteien und Interessenverbände. Göttingen 1978.
127. H.-U. WEHLER, Bibliographie zur modernen deutschen Sozialgeschichte (18.–20. Jahrhundert). Göttingen 1976.
128. DERS., Bibliographie zur modernen deutschen Wirtschaftsgeschichte. Göttingen 1976.
129. DERS., Bibliographie zur neueren deutschen Sozialgeschichte. München 1993.

2.2 *Übergreifende Darstellungen, Aufsatzsammlungen, zusammenfassende Literaturberichte*

130. K. J. BADE, Vom Auswanderungsland zum Einwanderungsland? Deutschland 1880–1980. Berlin 1983.
131. G. BEIER, Geschichte und Gewerkschaft. Politisch-historische Beiträge zur Geschichte sozialer Bewegungen. Köln 1981.
132. J. BERGMANN u. a. (Hrsg.), Arbeit, Mobilität, Partizipation, Protest. Gesellschaftlicher Wandel in Deutschland im 19. und 20. Jahrhundert. Opladen 1986.
133. R. BRAUN u. a. (Hrsg.), Gesellschaft in der industriellen Revolution. Köln 1973.
134. G. BRIEFS, Das gewerbliche Proletariat, in: Grundriß der Sozialökonomik 9,1. Tübingen 1926. 142–240.
135. W. CONZE, Arbeiter, in: Geschichtliche Grundbegriffe. Stuttgart ab 1972, Bd. 1, 216–242.
136. W. CONZE/U. ENGELHARDT (Hrsg.), Arbeiter im Industrialisierungsprozeß. Herkunft, Lage und Verhalten. Stuttgart 1979.
137. DIES. (Hrsg.), Arbeiterexistenz im 19. Jahrhundert. Lebensstandard und Lebensgestaltung deutscher Arbeiter und Handwerker. Stuttgart 1981.
138. R. DAHRENDORF, Soziale Klassen und Klassenkonflikt in der industriellen Gesellschaft. Stuttgart 1957.

139. U. ENGELHARDT (Hrsg.), Handwerker in der Industrialisierung. Lage, Kultur und Politik vom späten 18. bis ins frühe 20. Jahrhundert. Stuttgart 1984.
140. W. FISCHER/G. BAJOHR (Hrsg.), Die soziale Frage. Neuere Studien zur Lage der Fabrikarbeiter in den Frühphasen der Industrialisierung. Stuttgart 1967.
141. D. FRICKE, Handbuch zur Geschichte der deutschen Arbeiterbewegung 1869 bis 1917. 2 Bde. Berlin 1987.
142. M. GAILUS/H. VOLKMANN (Hrsg.), Der Kampf um das tägliche Brot. Nahrungsmangel, Versorgungspolitik und Protest 1770–1990. Opladen 1994.
143. Geschichte der Arbeiter und der Arbeiterbewegung in Deutschland seit dem Ende des 18. Jahrhunderts. Hrsg. von G. A. RITTER. 11 Bde. [noch unvollständig] Berlin/Bonn ab 1984. (Man schlage die einzelnen Bände unter den Namen der Autoren J. Kocka, G. A. Ritter, K. Tenfelde und H. A. Winkler nach.)
144. Geschichte der deutschen Arbeiterbewegung. Hrsg. vom Institut für Marxismus-Leninismus beim ZK der SED. 8 Bde. Berlin 1966.
145. H. GREBING, Geschichte der deutschen Arbeiterbewegung. Ein Überblick. München 1966.
146. DIES., Arbeiterbewegung und politische Moral. Aufsätze, Kommentare und Berichte zur Geschichte und Theorie der deutschen Arbeiterbewegung. Göttingen 1985.
147. DIES./H. MOMMSEN/K. RUDOLPH (Hrsg.), Demokratie und Emanzipation zwischen Saale und Elbe. Beiträge zur Geschichte der Sozilademokratischen Arbeiterbewegung bis 1933, Essen 1993.
148. G. HARDACH, Klassen und Schichten in Deutschland 1848–1970. Probleme einer historischen Sozialstrukturanalyse, in: GG 3 (1977) 503–524.
149. V. HENTSCHEL, Geschichte der deutschen Sozialpolitik (1880–1980). Soziale Sicherung und kollektives Arbeitsrecht. Frankfurt/M. 1983.
150. A. HERZIG/D. LANGEWIESCHE/A. SYWOTTEK (Hrsg.), Arbeiter in Hamburg. Unterschichten, Arbeiter und Arbeiterbewegung seit dem ausgehenden 18. Jahrhundert. Hamburg 1983.
151. G. HUCK (Hrsg.), Sozialgeschichte der Freizeit. Untersuchungen zum Wandel der Alltagskultur in Deutschland. Wuppertal 1980.
152. H. KAELBLE u. a. (Hrsg.), Probleme der Modernisierung in Deutschland. Sozialhistorische Studien zum 19. und 20. Jahrhundert. Opladen 1978.

153. H. KAELBLE /J. KOCKA/H. ZWAHR (Hrsg.), Sozialgeschichte der DDR. Stuttgart 1994.

154. W. KASCHUBA, Lebenswelt und Kultur der unterbürgerlichen Schichten im 19. und 20. Jahrhundert. München 1990.

155. A. KLÖNNE, Die deutsche Arbeiterbewegung. Geschichte, Ziele, Wirkungen. München 1989.

156. W. KÖLLMANN, Bevölkerung in der industriellen Revolution. Studien zur Bevölkerungsgeschichte Deutschlands. Göttingen 1974.

157. D. LANGEWIESCHE/K. SCHÖNHOVEN (Hrsg.), Arbeiter in Deutschland. Studien zur Lebensweise der Arbeiterschaft im Zeitalter der Industrialisierung. Paderborn 1981.

158. A. LÜDTKE (Hrsg.), Alltagsgeschichte. Zur Rekonstruktion historischer Erfahrungen und Lebensweisen. Frankfurt/New York 1989.

159. DERS., Eigen-Sinn: Fabrikalltag, Arbeitererfahrungen und Politik vom Kaiserreich bis in den Faschismus. Hamburg 1993.

160. E. MATTHIAS/K. SCHÖNHOVEN (Hrsg.), Solidarität und Menschenwürde. Etappen der deutschen Gewerkschaftsgeschichte von den Anfängen bis zur Gegenwart. Bonn 1984.

161. H. MEHRINGER (Hrsg.), Von der Klassenbewegung zur Volkspartei. Wegmarken der bayerischen Sozialdemokratie 1892–1992. München/London/New York/Paris 1992.

162. S. MILLER/H. POTTHOFF, Kleine Geschichte der SPD. Darstellung und Dokumentation 1848–1983. 6. Aufl. Bonn 1988.

163. H. MOMMSEN/W. SCHULZE (Hrsg.), Vom Elend der Handarbeit. Probleme historischer Unterschichtsforschung. Stuttgart 1981.

164. W. MOMMSEN/H.-G. HUSUNG (Hrsg.), Auf dem Wege zur Massengewerkschaft. Die Entwicklung der Gewerkschaften in Deutschland und Großbritannien 1880–1914. Stuttgart 1984.

165. J. MOOSER, Arbeiterleben in Deutschland 1900–1970. Klassenlagen, Kultur und Politik. Frankfurt/M. 1984.

166. L. NIETHAMMER (Hrsg.), Wohnen im Wandel. Beiträge zur Geschichte des Alltags in der bürgerlichen Gesellschaft. Wiesbaden, Wuppertal 1979.

167. R. PAETAU/H. RÜDEL (Hrsg.), Arbeiter und Arbeiterbewegung in Schleswig-Holstein im 19. und 20. Jahrhundert. Neumünster 1987.

168. J. C. PAPALEKAS, Wandlungen im Baugesetz der industriellen Gesellschaft, in: Zeitschrift für die gesamte Staatswissenschaft 115 (1959) 13–23.

169. H. Pohl (Hrsg.), Forschungen zur Lage der Arbeiter im Industrialisierungsprozeß. Stuttgart 1978.
170. H. Pohl (Hrsg.), Betriebliche Sozialpolitik deutscher Unternehmer seit dem 19. Jahrhundert. Referate und Diskussionen des wissenschaftlichen Symposiums der Gesellschaft für Unternehmensgeschichte e. V. am 25. Nov. 1977 in Hamburg, Wiesbaden 1978.
171. J. Reulecke/W. Weber (Hrsg.), Fabrik, Familie, Feierabend. Beiträge zur Sozialgeschichte des Alltags im Industriezeitalter. Wuppertal 1978.
172. G. A. Ritter, Staat, Arbeiterschaft und Arbeiterbewegung in Deutschland. Vom Vormärz bis zum Ende der Weimarer Republik. Berlin/Bonn 1980.
173. Ders., Der Aufstieg der deutschen Arbeiterbewegung. Sozialdemokratie und Freie Gewerkschaften im Parteiensystem und Sozialmilieu des Kaiserreichs. München 1990.
174. W. Schieder, Kommunismus, in: Geschichtliche Grundbegriffe. Stuttgart ab 1972, Bd. 3, 455–529.
175. Ders., Sozialismus, in: Geschichtliche Grundbegriffe. Stuttgart ab 1972, Bd. 5, 923–996.
176. K. Schönhoven, Die deutschen Gewerkschaften. Frankfurt/M. 1987.
177. B. Seidel/S. Jenkner (Hrsg.), Klassenbildung und Sozialschichtung. Darmstadt 1968.
178. W. Sombart, Der moderne Kapitalismus. Historisch-systematische Darstellung des gesamteuropäischen Wirtschaftslebens von seinen Anfängen bis zur Gegenwart. 3 Bde. in je 2 Halbbden. 1. Aufl. München/Leipzig 1902.
179. K. Tenfelde/H. Volkmann (Hrsg.), Streik. Zur Geschichte des Arbeitskampfes in Deutschland während der Industrialisierung. München 1981.
180. K. Tenfelde, Wege zur Sozialgeschichte der Arbeiterschaft und Arbeiterbewegung. Regional- und lokalgeschichtliche Forschungen (1945–1975) zur deutschen Arbeiterbewegung bis 1914, in: H.-U. Wehler (Hrsg.), Die moderne deutsche Geschichte in der internationalen Forschung 1945–1975. Göttingen 1978. 197–255.
181. Ders. (Hrsg.), Arbeiter und Arbeiterbewegung im Vergleich. Berichte zur internationalen historischen Forschung. München 1986 (= HZ Sonderheft 15).
182. Ders./K. Schönhoven/M. Schneider/D. J. K. Peukert, Geschichte der deutschen Gewerkschaften von den Anfängen bis 1945. Köln 1987.

183. DERS. (Hrsg.), Arbeiter im 20. Jahrhundert. Stuttgart 1991.
184. H. O. VETTER (Hrsg.), Vom Sozialistengesetz zur Mitbestimmung. Köln 1975.
185. H. VOLKMANN/J. BERGMANN, Sozialer Protest. Studien zu traditioneller Resistenz und kollektiver Gewalt in Deutschland vom Vormärz bis zur Reichsgründung. Opladen 1984.
186. F. WALTER/T. DÜRR/K. SCHMIDTKE, Die SPD in Sachsen und Thüringen zwischen Hochburg und Diaspora. Untersuchungen auf lokaler Ebene vom Kaiserreich bis zur Gegenwart. Bonn 1993.
187. M. WEBER, Wirtschaft und Gesellschaft. Grundriß der verstehenden Soziologie. 1. Halbband. 5. Aufl. Tübingen 1976.
188. H.-U. WEHLER (Hrsg.), Klassen in der europäischen Sozialgeschichte. Göttingen 1979.
189. DERS., Aus der Geschichte lernen? Essays. München 1988.
190. H. WINKEL (Hrsg.), Vom Kleingewerbe zur Großindustrie. Quantitativ-regionale und politisch-rechtliche Aspekte zur Erforschung der Wirtschafts- und Gesellschaftsstruktur im 19. Jahrhundert. Berlin 1975.

2.3 Die Arbeiter vor der Industrialisierung

(Vgl. auch die Titel unter 2.4)

191. W. ABEL, Massenarmut und Hungerkrisen im vorindustriellen Europa. Versuch einer Synopsis. Hamburg/Berlin 1974.
192. F. BALSER, Sozial-Demokratie 1848/49–1863. Die erste deutsche Arbeiterorganisation „Allgemeine Arbeiterverbrüderung“ nach der Revolution. 2 Bde. Stuttgart 1962.
193. C. BARTELS, Vom frühneuzeitlichen Montangewerbe zur Bergbauindustrie. Erzbergbau im Oberharz 1635–1866. Bochum 1992.
194. J. BERGMANN, Wirtschaftskrise und Revolution. Handwerker und Arbeiter 1848/49. Stuttgart 1986.
195. K. BIRKER, Die deutschen Arbeiterbildungsvereine 1840–1870. Berlin 1973.
196. B. W. BOUVIER, Französische Revolution und deutsche Arbeiterbewegung. Die Rezeption des revolutionären Frankreich in der deutschen sozialistischen Arbeiterbewegung von den 1830er Jahren bis 1905. Bonn 1982.

197. W. Conze, Vom „Pöbel“ zum „Proletariat“, in: VSWG 41 (1954) 333–364.
198. D. Dowe, Aktion und Organisation. Arbeiterbewegung, sozialistische und kommunistische Bewegung in der preußischen Rheinprovinz 1820–1852. Hannover 1970.
199. U. Engelhardt, „Nur vereinigt sind wir stark“. Die Anfänge der deutschen Gewerkschaftsbewegung 1862/63 bis 1869/70. 2 Bde. Stuttgart 1977.
200. M. Gailus, Straße und Brot. Sozialer Protest in den deutschen Staaten unter besonderer Berücksichtigung Preußens, 1847–1849. Göttingen 1990.
201. A. Griessinger, Das symbolische Kapital der Ehre. Streikbewegungen und kollektives Bewußtsein deutscher Handwerksgesellen im 18. Jahrhundert. Frankfurt/M. 1981.
202. A. Herzig, Das sozialdemokratische Vereinswesen in Westfalen im 19. Jahrhundert, WestfF 39 (1989) 114–126.
203. H.-G. Husung, Protest und Repression im Vormärz. Norddeutschland zwischen Repression und Revolution. Göttingen 1983.
204. K. H. Kaufhold, Entstehung, Entwicklung und Gliederung der gewerblichen Arbeiterschaft in Nordwestdeutschland, 1800–1875, in: Wirtschaftspolitik und Arbeitsmarkt. Hrsg. v. H. Kellenbenz. Wien 1974. 69–85.
205. J. Kocka, Lohnarbeit und Klassenbildung. Arbeiter und Arbeiterbewegung in Deutschland 1800–1875. Berlin 1983.
206. Ders., Weder Stand noch Klasse. Unterschichten um 1800. Bonn 1990.
207. Ders., Arbeitsverhältnisse und Arbeiterexistenzen. Grundlagen der Klassenbildung im 19. Jahrhundert. Bonn 1990.
208. F. D. Marquard, Sozialer Aufstieg, sozialer Abstieg und die Entstehung der Berliner Arbeiterklasse, 1806–1848, in: GG 1 (1975) 43–77.
209. J. Mooser, Ländliche Klassengesellschaft 1770–1848. Bauern und Unterschichten, Landwirtschaft und Gewerbe im östlichen Westfalen. Göttingen 1984.
210. T. Nipperdey, Deutsche Geschichte 1800–1866. Bürgerwelt und starker Staat. München 1983. Deutsche Geschichte 1866–1918. 1. Bd.: Arbeitswelt und Bürgergeist. München 1990.
211. T. Offermann, Arbeiterbewegung und liberales Bürgertum in Deutschland 1850–1863. Bonn 1979.
212. M. Quarck, Die erste deutsche Arbeiterbewegung. Geschichte der Arbeiterverbrüderung 1848/49. Leipzig 1924 (Erstaufl. 1900).

213. W. Reininghaus, Die Unterstützungskassen der Handwerksgesellen und Fabrikarbeiter in Westfalen und Lippe (1800–1850), in: WestfF 35 (1985) 131–163.
214. D. Saalfeld, Lebensverhältnisse der Unterschichten Deutschlands im neunzehnten Jahrhundert, in: IRSH 29 (1984) 215–253.
215. W. Schieder, Anfänge der deutschen Arbeiterbewegung. Die Auslandsvereine im Jahrzehnt nach der Julirevolution von 1830. Stuttgart 1963.
216. G. Schildt, Tagelöhner, Gesellen, Arbeiter. Sozialgeschichte der vorindustriellen und industriellen Arbeiter in Braunschweig 1830–1880. Stuttgart 1986.
217. Ders., Frauenarbeit im 19. Jahrhundert. Pfaffenweiler 1993.
218. E. Schraepler, Handwerkerbünde und Arbeitervereine 1830–1853. Die politische Tätigkeit deutscher Sozialisten von Wilhelm Weitling bis Karl Marx. Berlin/New York 1972.
219. R. Strauss, Die Lage und die Bewegung der Chemnitzer Arbeiter in der 1. Hälfte des 19. Jahrhunderts. Berlin (DDR) 1960.
220. H.-U. Wehler, Deutsche Gesellschaftsgeschichte. Bd. 2: Von der Reformära bis zur industriellen und politischen „Deutschen Doppelrevolution“ 1815–1845/49. München 1987.
221. R. Wissell, Des alten Handwerks Recht und Gewohnheit. 6 Bde. 2. Aufl. Berlin 1971–1988.
222. W. Wortmann, Eisenbahnbauarbeiter im Vormärz. Sozialgeschichtliche Untersuchung der Bauarbeiter der Köln-Mindener Eisenbahn in Minden-Ravensburg 1844–1847. Köln/Wien 1972.

2.4 Die Arbeiter zur Zeit der Reichsgründung und im Kaiserreich

(Vgl. auch die Titel unter 2.3 und 2.5)

223. G. Beier, Schwarze Kunst und Klassenkampf. Bd. 1: Vom Geheimbund zum königlich-preußischen Gewerkverein (1830–1890). Stuttgart 1966.
224. R. Beier, Frauenarbeit und Frauenalltag im Deutschen Kaiserreich. Heimarbeiterinnen in der Berliner Bekleidungsindustrie 1880–1914. Frankfurt/New York 1983.
225. H.-J. Bieber, Gewerkschaften in Krieg und Revolution. Arbeiterbewegung, Industrie, Staat und Militär in Deutschland 1914–1920. 2 Bde. Hamburg 1981.
226. R. Blank, Die soziale Zusammensetzung der sozialdemokrati-

schen Wählerschaft Deutschlands, in: Archiv für Sozialwissenschaft 20 (1905) 507–550.

227. R. Boch, Handwerker-Sozialisten gegen Fabrikgesellschaft. Lokale Fachvereine, Massengewerkschaft und industrielle Rationalisierung in Solingen 1870 bis 1914. Göttingen 1985.

228. F. Boll, Arbeitskämpfe und Gewerkschaften in Deutschland, England und Frankreich. Ihre Entwicklung vom 19. zum 20. Jahrhundert. Bonn 1993.

229. P. Borscheid, Textilarbeiterschaft in der Industrialisierung. Soziale Lage und Mobilität in Württemberg (19. Jahrhundert). Stuttgart 1978.

230. R. Braun, Sozialer und kultureller Wandel in einem ländlichen Industriegebiet (Zürcher Oberland) unter Einwirkung des Maschinen- und Fabrikwesens im 19. und 20. Jahrhundert. Erlenbach/Zürich/Stuttgart 1965.

231. F. L. Carsten, Eduard Bernstein 1850–1932. Eine politische Biographie. München 1993.

232. W. Conze, Möglichkeiten und Grenzen der liberalen Arbeiterbewegung in Deutschland. Das Beispiel Schulze-Delitzschs. Heidelberg 1965.

233. D. F. Crew, Bochum. Sozialgeschichte einer Industriestadt 1860–1914. Frankfurt/M. 1980.

234. R. Dahrendorf, Industrielle Fertigkeiten und soziale Schichtung, in: KZSS 8 (1956) 540–568.

235. U. Daniel, Arbeiterfrauen in der Kriegsgesellschaft. Beruf, Familie und Politik im Ersten Weltkrieg. Göttingen 1989.

236. H. D. Denk, Die christliche Arbeiterbewegung in Bayern bis 1914. Mainz 1980.

237. K. Ditt, Industrialisierung, Arbeiterschaft und Arbeiterbewegung in Bielefeld 1850–1914. Dortmund 1982.

238. V. Eichler, Sozialistische Arbeiterbewegung in Frankfurt am Main 1878–1895. Frankfurt/M. 1983.

239. C. Eisenberg, Deutsche und englische Gewerkschaften. Ähnlichkeiten und Unterschiede zur Zeit ihrer Entstehung und frühen Entwicklung. Göttingen 1986.

240. M. Ellerkamp, Industriearbeit, Krankheit und Geschlecht. Zu den sozialen Kosten der Industrialisierung: Bremer Textilarbeiterinnen 1870–1914. Göttingen 1991.

241. I. Fischer, Industrialisierung, sozialer Konflikt und politische Willensbildung in der Stadtgemeinde. Ein Beitrag zur Sozialgeschichte Augsburgs 1840–1914. Augsburg 1977.

242. G. D. FELDMAN, Armee, Industrie und Arbeiterschaft in Deutschland 1914 bis 1918. Berlin/Bonn 1985.
243. B. FLOHR, Arbeiter nach Maß. Die Disziplinierung der Fabrikarbeiterschaft während der Industrialisierung Deutschlands im Spiegel von Arbeitsordnungen. Frankfurt/New York 1981.
244. R. FREMDLING, Die Rolle ausländischer Facharbeiter bei der Einführung neuer Techniken im Deutschland des 19. Jahrhunderts (Textilindustrie, Maschinenbau, Schwerindustrie), in: AfS 24 (1984) 1–45.
245. C. GOTTHARDT, Industrialisierung, bürgerliche Politik und proletarische Autonomie. Voraussetzungen und Varianten sozialistischer Klassenorganisationen in Nordwestdeutschland 1863 bis 1875. Bonn 1992.
246. H. GREBING, Geschichte der deutschen Arbeiterbewegung. Ein Überblick. München 1966.
247. DIES., Arbeiterbewegung. Sozialer Protest und kollektive Interessenvertretung bis 1914. München 1985.
248. D. GROH, Negative Integration und revolutionärer Attentismus. Berlin 1973.
249. M. GRÜTTNER, Arbeitswelt an der Waterkante. Sozialgeschichte der Hamburger Hafenarbeiter 1886–1914. Göttingen 1984.
250. A. HALL, Scandal, Sensation and Social Democracy. The SPD Press and Wilhelmine Germany 1890–1914. Cambridge/London/New York/Melbourne 1977.
251. F.-W. HENNING, Die Industrialisierung in Deutschland 1800 bis 1914. 5. Aufl. Paderborn u. a. 1979.
252. V. HENTSCHEL, Wirtschaft und Wirtschaftspolitik im wilhelminischen Deutschland. Organisierter Kapitalismus und Interventionsstaat? Stuttgart 1978.
253. DERS., Erwerbs- und Einkommensverhältnisse in Sachsen, Baden und Württemberg vor dem Ersten Weltkrieg (1890–1914), in: VSWG 76 (1979) 26–73.
254. L. HÖLSCHER, Weltgericht oder Revolution. Protestantische und sozialistische Zukunftsvorstellungen im deutschen Kaiserreich. Stuttgart 1989.
255. R. KABUS, Zur Konstituierung des Görlitzer Proletariats im Verlauf der industriellen Revolution. Ein Beitrag zur Geschichte der ökonomischen, sozialen und politisch-ideologischen Formierung der deutschen Arbeiterklasse. Görlitz 1975.
256. H. KAELBLE, Sozialer Aufstieg in Deutschland 1850–1914, in: VSWG 60 (1973) 41–71.

257. C. KLESSMANN, Polnische Bergarbeiter im Ruhrgebiet 1870–1945. Soziale Integration und nationale Subkultur einer Minderheit in der deutschen Industriegesellschaft. Göttingen 1978.
258. U. KNAPP, Frauenarbeit in Deutschland. 2 Bde. München 1984.
259. J. KOCKA, Klassengesellschaft im Krieg. Deutsche Sozialgeschichte 1914–1918. Göttingen 1973.
260. W. KÖLLMANN, Sozialgeschichte der Stadt Barmen im 19. Jahrhundert. Tübingen 1960.
261. DERS., Politische und soziale Entwicklung der deutschen Arbeiterschaft 1850–1914, in: VSWG 50 (1963) 480–504.
262. H. KUTZ-BAUER, Arbeiterschaft, Arbeiterbewegung und bürgerlicher Staat in der Zeit der Großen Depression. Eine regional- und sozialgeschichtliche Studie zur Geschichte der Arbeiterbewegung im Großraum Hamburg 1873 bis 1890. Bonn 1988.
263. D. LANGEWIESCHE/K. SCHÖNHOVEN, Arbeiterbibliotheken und Arbeiterlektüre im Wilhelminischen Deutschland, in: AfS 16 (1976) 135–204.
264. H. G. LEHMANN, Die Agrarfrage in der Theorie und Praxis der deutschen und internationalen Sozialdemokratie. Vom Marxismus zum Revisionismus und Bolschewismus. Tübingen 1970.
265. F. LENGER, Zwischen Kleinbürgertum und Proletariat. Handwerker in Düsseldorf 1816–1879. Göttingen 1986.
266. J. LORECK, Wie man früher Sozialdemokrat wurde. Das Kommunikationsverhalten in der deutschen Arbeiterbewegung und die Konzeption der sozialistischen Parteipublizistik durch August Bebel. Bonn-Bad Godesberg 1977.
267. G. LOSSEFF-TILLMANNS, Frauenemanzipation und Gewerkschaften. Wuppertal 1978.
268. L. MACHTAN, Zum Innenleben deutscher Fabriken im 19. Jahrhundert. Die formelle und die informelle Verfassung von Industriebetrieben, anhand von Beispielen aus dem Bereich der Textil- und der Maschinenbauproduktion (1869–1891), in: AfS 21 (1981) 179–236.
269. DERS., Streiks im frühen deutschen Kaiserreich. Frankfurt/New York 1983.
270. G. MAI, Kriegswirtschaft und Arbeiterbewegung in Württemberg 1914–1918. Stuttgart 1983.
271. K. MATTHEIER, Die Gelben. Nationale Arbeiter zwischen Wirtschaftsfrieden und Streik. Düsseldorf 1973.
272. E. MATTHIAS, Kautsky und der Kautskyanismus. Die Funktion der

Ideologie in der deutschen Sozialdemokratie vor dem ersten Weltkriege, in: Marxismus-Studien 2 (1957) 151–197.

273. G. Mayer, Friedrich Engels. Eine Biographie. 2 Bde., 2. Aufl. Köln o. J. [1972] (1. Aufl. des 1. Bdes 1919).

274. S. Miller, Das Problem der Freiheit im Sozialismus. Freiheit, Staat und Revolution in der Programmatik der Sozialdemokratie von Lassalle bis zum Revisionismusstreit. Berlin/Bonn o. J.

275. Dies., Burgfrieden und Klassenkampf. Die deutsche Sozialdemokratie im Ersten Weltkriege. Düsseldorf 1974.

276. P. Nettl, Rosa Luxemburg. Erw. dte. Ausgabe Köln/Berlin 1967.

277. T. Nipperdey, Deutsche Geschichte 1866–1918. Bd. 1, Arbeitswelt und Bürgergeist. München 1990, Bd. 2, Machtstaat vor der Demokratie. München 1992.

278. T. Pierenkemper, Das Rechnungsbuch der Hausfrau – und was wir daraus lernen können. Zur Verwendung privater Haushaltsrechnungen in der historischen Wirtschafts- und Sozialforschung, in: GG 14 (1988) 38–63.

279. K. H. Pohl, Die Münchener Arbeiterbewegung. SPD, Freie Gewerkschaften, Staat und Gesellschaft in München 1890–1914. München 1992.

280. W. Renzsch, Handwerker und Lohnarbeiter in der frühen Arbeiterbewegung. Zur sozialen Basis von Gewerkschaften und Sozialdemokratie im Reichsgründungsjahrzehnt. Göttingen 1980.

281. G. A. Ritter, Die Arbeiterbewegung im Wilhelminischen Kaiserreich. Die Sozialdemokratische Partei und die Freien Gewerkschaften 1890–1900. Berlin 1959.

282. Ders./K. Tenfelde, Arbeiter im Deutschen Kaiserreich 1871 bis 1914. Bonn 1992.

283. H. Rosenbaum, Formen der Familie. Untersuchungen zum Zusammenhang von Familienverhältnissen, Sozialstruktur und sozialem Wandel in der deutschen Gesellschaft des 19. Jahrhunderts. Frankfurt/M. 1982.

284. Dies., Proletarische Familien. Arbeiterfamilien und Arbeiterväter im frühen 20. Jahrhundert. Frankfurt 1992.

285. H.-J. Rupieper, Arbeiter und Angestellte im Zeitalter der Industrialisierung. Eine sozialgeschichtliche Studie am Beispiel der Maschinenfabriken Augsburg und Nürnberg (M.A.N.) 1837–1914. Frankfurt/New York 1982.

286. A. v. Saldern, Vom Einwohner zum Bürger. Zur Emanzipation der städtischen Unterschicht Göttingens 1890–1920. Eine sozial- und kommunalhistorische Untersuchung. Berlin 1973.

287. DIES., Wilhelminische Gesellschaft und Arbeiterklasse: Emanzipations- und Integrationsprozesse im kulturellen und sozialen Bereich, in: IWK 13 (1977) 469–505.

288. K. SAUL, Staat, Industrie und Arbeiterbewegung im Kaiserreich. Zur Innen- und Sozialpolitik des Wilhelminischen Deutschland 1903–1914. Düsseldorf 1974.

289. M. SCHNEIDER, Die christlichen Gewerkschaften 1894–1933. Bonn 1982.

290. K. SCHÖNHOVEN, Expansion und Konzentration. Studien zur Entwicklung der Freien Gewerkschaften im Wilhelminischen Deutschland 1890–1914. Stuttgart 1980.

291. DERS., Selbsthilfe als Solidarität. Das gewerkschaftliche Unterstützungswesen im Deutschen Kaiserreich bis 1914, in: AfS 20 (1980) 147–193.

292. H. SCHOMERUS, Die Arbeiter der Maschinenfabrik Esslingen. Forschungen zur Lage der Arbeiterschaft im 19. Jahrhundert. Stuttgart 1977.

293. C. E. SCHORSKE, Die große Spaltung. Die deutsche Sozialdemokratie 1905–1917. Berlin 1981.

294. W. H. SCHRÖDER, Die Entwicklung der Arbeitszeit im sekundären Sektor in Deutschland 1871 bis 1913, in: TechnikG 47 (1980) 252–302.

295. G. SCHULZ, Die Arbeiter und Angestellten bei Felten & Guilleaume. Sozialgeschichtliche Untersuchung eines Kölner Industrieunternehmens im 19. und beginnenden 20. Jahrhundert. Wiesbaden 1979.

296. W. SOMBART, Der moderne Kapitalismus. Bd. 3: Das Wirtschaftsleben im Zeitalter des Hochkapitalismus. 2 Halbbde. 4. Aufl. Berlin 1955.

297. R. SPREE, Soziale Ungleichheit vor Krankheit und Tod. Zur Sozialgeschichte des Gesundheitsbereichs im Deutschen Kaiserreich. Göttingen 1981.

298. P. STEINBACH, Der Eintritt Lippes in das Industriezeitalter. Sozialstruktur und Industrialisierung des Fürstentums Lippe im 19. Jahrhundert. Lemgo 1976.

299. H.-J. STEINBERG, Sozialismus und deutsche Sozialdemokratie. Zur Ideologie der Partei vor dem 1. Weltkrieg. 4. Aufl. Berlin/Bonn 1976.

300. K. TENFELDE, Sozialgeschichte der Bergarbeiterschaft an der Ruhr im 19. Jahrhundert. Bonn-Bad Godesberg 1977.

301. F. TENNSTEDT, Vom Proleten zum Industriearbeiter. Arbeiterbewegung und Sozialpolitik in Deutschland 1800 bis 1914. Köln 1983.

302. R. H. TILLY, Vom Zollverein zum Industriestaat. Die wirtschaftlich-soziale Entwicklung Deutschlands 1834–1914. München 1990.

303. A. TRIEBEL, Zwei Klassen und die Vielfalt des Konsums. Haushaltsbudgetierung bei abhängig Erwerbstätigen in Deutschland im ersten Drittel des 20. Jahrhunderts. 2 Bde. Berlin 1991.

304. H. J. VARAIN, Freie Gewerkschaften, Sozialdemokratie und Staat: Die Politik der Generalkommission unter der Führung C. Legiens, 1890–1920. Düsseldorf 1956.

305. R. VETTERLI, Industriearbeit, Arbeiterbewußtsein und gewerkschaftliche Organisation. Dargestellt am Beispiel der Georg Fischer AG (1890–1930). Göttingen 1978.

306. M. WEBER, Die Verhältnisse der Landarbeiter im ostelbischen Deutschland. Leipzig 1892.

307. H.-U. WEHLER, Sozialdemokratie und Nationalstaat. Nationalitätenfragen in Deutschland 1840–1914. 2. Aufl. Göttingen 1971.

308. D. WIERLING, Mädchen für alles. Arbeitsalltag und Lebensgeschichte städtischer Dienstmädchen um die Jahrhundertwende. Berlin/Bonn 1987.

309. U. ZUMDICK, Hüttenarbeiter im Ruhrgebiet. Die Belegschaft der Phoenix-Hütte in Duisburg-Laar 1853–1914. Stuttgart 1990.

310. H. ZWAHR, Zur Konstituierung des Proletariats als Klasse. Strukturuntersuchung über das Leipziger Proletariat während der industriellen Revolution. Berlin 1978.

2.5 Die Arbeiter in der Weimarer Republik

(Vgl. auch die Titel unter 2.4 und 2.6)

311. T. ALEXANDER, Carl Severing. Sozialdemokrat aus Westfalen mit preußischen Tugenden. Bielefeld 1992.

312. D. E. BARCLAY, Rudolf Wissell als Sozialpolitiker 1890–1933. Berlin 1984.

313. J. BÖNIG, Technik, Rationalisierung und Arbeitszeit in der Weimarer Republik, in: TechnikG 47 (1980) 303–324.

314. F. BOLL, Massenbewegungen in Niedersachsen 1906–1920. Eine sozialgeschichtliche Untersuchung der unterschiedlichen Entwicklungstypen Braunschweig und Hannover. Bonn 1981.

315. D. BRUNNER, Bürokratie und Politik des Allgemeinen Deutschen Gewerkschaftsbundes 1918/19 bis 1933. Frankfurt/M. 1992.
316. G. ELIASBERG, Der Ruhrkieg von 1920. Bonn 1974.
317. J. W. FALTER, Hitlers Wähler. München 1991.
318. G. D. FELDMAN/E. KOLB/R. RÜRUP, Die Massenbewegungen der Arbeiterschaft in Deutschland am Ende des Ersten Weltkrieges (1917–1920), in: PVS 13 (1972) 84–105.
319. G. D. FELDMAN/I. STEINISCH, Industrie und Gewerkschaften 1918–1924. Die überforderte Zentralarbeitsgemeinschaft. Stuttgart 1985.
320. O. K. FLECHTHEIM, Die KPD in der Weimarer Republik. Frankfurt/M. 1969.
321. G. FÜLBERTH und J. HARRER, Arbeiterbewegung und SPD. Bd. 1: Zur Geschichte der deutschen Sozialdemokratie 1890–1933. Neuwied 1974.
322. D. GEYER, Sowjetrußland und die deutsche Arbeiterbewegung 1918–1932, in: VfZG 24 (1976) 2–37.
323. H.-H. HARTWICH, Arbeitsmarkt, Verbände und Staat 1918–1933. Die öffentliche Bindung unternehmerischer Funktionen in der Weimarer Republik. Berlin 1967.
324. D. HENNIG, Johannes Hoffmann. Sozialdemokrat und Bayerischer Ministerpräsident. München/London/New York/Paris 1990.
325. D. KLENKE/P. LILJE/F. WALTER, Arbeitersänger und Volksbühnen in der Weimarer Republik. Bonn 1992.
326. U. KLUGE, Die deutsche Revolution 1918/19. Frankfurt/M. 1985.
327. E. KOLB, Die Arbeiterräte in der deutschen Innenpolitik 1918–1919. 2. Aufl. Frankfurt/M. 1978.
328. H. KRAUSE, USPD. Zur Geschichte der Unabhängigen Sozialdemokratischen Partei Deutschlands. Frankfurt/Köln 1975.
329. P. KRITZER, Die bayerische Sozialdemokratie und die bayerische Politik in den Jahren 1918 bis 1923. München 1969.
330. T. LEIPART (Hrsg.), Die 40-Stunden-Woche. Untersuchungen über Arbeitsmarkt, Arbeitsertrag und Arbeitszeit. Berlin 1931.
331. P. LÖSCHE, Der Bolschewismus im Urteil der Deutschen Sozialdemokratie 1903–1920. Berlin 1967.
332. E. LUCAS, Märzrevolution 1920. 3 Bde. Frankfurt 1970 bis 1978.
333. G. MAI, Die Sozialstruktur der württembergischen Arbeiter- und Bauernräte 1918/19, in: IWK 15 (1979) 375–404.
334. E. MATTHIAS/R. MORSEY (Hrsg.), Das Ende der Parteien 1933. Düsseldorf 1960.

335. S. MILLER, Die Bürde der Macht. Die deutsche Sozialdemokratie 1918–1920. Düsseldorf 1978.

336. A. MITCHELL, Revolution in Bayern 1918/19. Die Eisner-Regierung und die Räterepublik. München 1967.

337. D. W. MORGAN, The Socialist Left and the German Revolution. A History of the German Independent Social Democratic Party, 1917–1922. Ithaca/London 1975.

338. W. MÜLLER, Lohnkampf, Massenstreik, Sowjetmacht. Ziele und Grenzen der „Revolutionären Gewerkschafts-Opposition" (RGO) in Deutschland 1928 bis 1933. Köln 1988.

339. P. v. OERTZEN, Betriebsräte in der Novemberrevolution. Eine politikwissenschaftliche Untersuchung über Ideengehalt und Struktur der betrieblichen und wirtschaftlichen Arbeiterräte in der deutschen Revolution 1918/19. Düsseldorf 1963.

340. R. PAETAU, Konfrontation und Kooperation. Arbeiterbewegung und bürgerliche Gesellschaft im ländlichen Schleswig-Holstein und in der Industriestadt Kiel zwischen 1900 und 1925. Neumünster 1988.

341. H. POTTHOFF, Freie Gewerkschaften 1918–1933. Der Allgemeine Deutsche Gewerkschaftsbund in der Weimarer Republik. Düsseldorf 1987.

342. L. PRELLER, Sozialpolitik in der Weimarer Republik. 2. Aufl. Düsseldorf 1978.

343. W. PYTA, Gegen Hitler und für die Republik. Die Auseinandersetzung der deutschen Sozialdemokratie mit der NSDAP in der Weimarer Republik. Düsseldorf 1989.

344. K. ROHE, Das Reichsbanner Schwarz Rot Gold. Ein Beitrag zur Geschichte und Struktur der politischen Kampfverbände zur Zeit der Weimarer Republik. Düsseldorf 1966.

345. A. ROSENBERG, Entstehung der Weimarer Republik. Frankfurt/M. 1961 (1. Aufl. Berlin 1928).

346. B. ROTHER, Die Sozialdemokratie im Land Braunschweig 1918 bis 1933. Bonn 1990.

347. M. RUCK, Die Freien Gewerkschaften im Ruhrkampf 1923. Köln 1986.

348. H. SCHULZE, Otto Braun oder Preußens demokratische Sendung. Eine Biographie. Frankfurt/Berlin/Wien 1977.

349. K. G. P. SCHUSTER, Der Rote Frontkämpferbund 1924–1929. Beiträge zur Geschichte und Organisationsstruktur eines politischen Kampfbundes. Düsseldorf 1975.

350. F. WALTER/V. DENECKE/C. REGIN, Sozialistische Gesundheits- und Lebensreformverbände. Bonn 1991.

351. H. WEBER, Die Wandlung des deutschen Kommunismus. Die Stalinisierung der KPD in der Weimarer Republik. 2 Bde. Frankfurt/M. 1969.

352. DERS., Kommunismus in Deutschland 1918–1945. Darmstadt 1983.

353. W. WETTE, Gustav Noske. Eine politische Biographie. Düsseldorf 1987.

354. R. F. WHEELER, USPD und Internationale. Sozialistischer Internationalismus in der Zeit der Revolution. Frankfurt/Berlin/Wien 1975.

355. W. VAN DER WILL/R. BURNS, Arbeiterkulturbewegung in der Weimarer Republik. Eine historisch-theoretische Analyse der kulturellen Bestrebungen der sozialdemokratisch organisierten Arbeiterschaft. Frankfurt/M. 1982.

356. H. A. WINKLER, Von der Revolution zur Stabilisierung. Arbeiter und Arbeiterbewegung in der Weimarer Republik 1918 bis 1924. 2. Aufl. Berlin/Bonn 1984.

357. DERS., Vom Schein der Normalität. Arbeiter und Arbeiterbewegung in der Weimarer Republik 1924 bis 1930. Berlin/Bonn 1985.

358. DERS., Der Weg in die Katastrophe. Arbeiter und Arbeiterbewegung in der Weimarer Republik 1930 bis 1933. Berlin/Bonn 1987.

359. W. W. WITTWER, Die sozialdemokratische Schulpolitik in der Weimarer Republik. Ein Beitrag zur politischen Schulgeschichte im Reich und in Preußen. Berlin 1980.

360. H. WUNDERER, Arbeitervereine und Arbeiterparteien. Kultur- und Massenorganisationen in der Arbeiterbewegung (1890–1933). Frankfurt/New York 1980.

361. W. ZOLLITSCH, Einzelgewerkschaften und Arbeitsbeschaffung: Zum Handlungsspielraum der Arbeiterbewegung in der Spätphase der Weimarer Republik, in: GG 8 (1982) 87–115.

2.6 *Die Arbeiter im Dritten Reich*

(Vgl. auch die Titel unter 2.5 und 2.7)

362. Bayern in der NS-Zeit. Hrsg. von M. BROSZAT u.a. Besonders Bd. 5: Die Parteien KPD, SPD, BVP in Verfolgung und Widerstand. München/Wien 1983.

363. G. Beier, Das Lehrstück vom 1. und 2. Mai 1933. Frankfurt/Köln 1975.

364. Ders., Die illegale Reichsleitung der Gewerkschaften 1933–1945. Köln 1981.

365. K. Bludau, Gestapo – geheim! Widerstand und Verfolgung in Duisburg 1933–1945. Bonn-Bad Godesberg 1973.

366. R. Dahrendorf, Gesellschaft und Demokratie in Deutschland. München 1965.

367. N. Frei, Wie modern war der Nationalsozialismus? in: GG 19 (1993) 367–387.

368. M. Frese, Betriebspolitik im „Dritten Reich". Deutsche Arbeitsfront, Unternehmer und Staatsbürokratie in der westdeutschen Großindustrie 1933–1939. Paderborn 1991.

369. R. Hachtmann, Industriearbeit im „Dritten Reich". Untersuchungen zu den Lohn- und Arbeitsbedingungen in Deutschland 1933–1945. Göttingen 1989.

370. U. Herbert, Geschichte der Ausländerbeschäftigung in Deutschland 1880–1980. Saisonarbeiter, Zwangsarbeiter, Gastarbeiter. Berlin/Bonn 1986.

371. Ders., Arbeiterschaft im „Dritten Reich". Zwischenbilanz und offene Fragen, in: GG 15 (1989) 320–360.

372. E. Heuel, Der umworbene Stand. Die ideologische Integration der Arbeiter im Nationalsozialismus 1933–1935. Frankfurt/New York 1988.

373. K. Klotzbach, Gegen den Nationalsozialismus. Widerstand und Verfolgung in Dortmund 1930–1945. Eine historisch-politische Studie. Hannover 1969.

374. A. Kranig, Lockung und Zwang. Zur Arbeitsverfassung im Dritten Reich. Stuttgart 1983.

375. G. Mai, „Warum steht der deutsche Arbeiter zu Hitler?" Zur Rolle der Deutschen Arbeitsfront im Herrschaftssystem des Dritten Reiches, in: GG 12 (1986) 212–234.

376. T. Mason, Sozialpolitik im Dritten Reich. Arbeiterklasse und Volksgemeinschaft. Opladen 1977.

377. E. Matthias, Sozialdemokratie und Nation. Ein Beitrag zur Ideengeschichte der sozialdemokratischen Emigration in der Prager Zeit des Parteivorstandes 1933–1938. Stuttgart 1952.

378. D. Peukert, Ruhrarbeiter gegen den Faschismus. Dokumentation über den Widerstand im Ruhrgebiet 1933–1945. Frankfurt/M. 1976.

379. DERS., Die KPD im Widerstand. Verfolgung und Untergrundarbeit an Rhein und Ruhr 1933 bis 1945. Wuppertal 1980.

380. DERS. UND J. REULECKE (Hrsg.), Die Reihen fast geschlossen. Beiträge zur Geschichte des Alltags unterm Nationalsozialismus. Wuppertal 1981.

381. M.-L. RECKER, Nationalsozialistische Sozialpolitik im Zweiten Weltkrieg. München 1985.

382. M. SCHARRER (Hrsg.), Kampflose Kapitulation. Arbeiterbewegung 1933. Hamburg 1984.

383. D. SCHOENBAUM, Die braune Revolution. Eine Sozialgeschichte des Dritten Reiches. Köln/Berlin 1968.

384. T. SIEGEL, Leistung und Lohn in der nationalsozialistischen „Ordnung der Arbeit". Opladen 1989.

385. H.-J. STEINBERG, Widerstand und Verfolgung in Essen. 2. Aufl. Bonn-Bad Godesberg 1973.

386. M. VOGES, Klassenkampf in der „Betriebsgemeinschaft". Die „Deutschland-Berichte" der Sopade (1934–1940) als Quelle zum Widerstand der Industriearbeiter im Dritten Reich, in: AfS 21 (1981) 329–383.

387. W. F. WERNER, „Bleib übrig". Deutsche Arbeiter in der nationalsozialistischen Kriegswirtschaft. Düsseldorf 1983.

388. D. WINKLER, Frauenarbeit im Dritten Reich. Hamburg 1977.

389. H. A. WINKLER, Vom Mythos der Volksgemeinschaft, in: AfS 17 (1977) 484–490.

390. W. ZOLLITSCH, Arbeiter zwischen Weltwirtschaftskrise und Nationalsozialismus. Ein Beitrag zur Sozialgeschichte der Jahre 1928 bis 1936. Göttingen 1990.

2.7 Die Arbeiter in der Bundesrepublik

(Vgl. auch die Titel unter 2.6)

391. Arbeiterinitiative 1945. Antifaschistische Ausschüsse und Reorganisation der Arbeiterbewegung in Deutschland. Hrsg. von L. NIETHAMMER/U. BORSDORF/P. BRANDT. Wuppertal 1976.

392. J. BERGMANN/O. JACOBI/W. MÜLLER-JENTSCH, Gewerkschaften in der Bundesrepublik. Gewerkschaftliche Lohnpolitik zwischen Mitgliederinteressen und ökonomischen Sachzwängen. Frankfurt/Köln 1975.

393. K. V. BEYME, Der Neokorporatismus – Neuer Wein in alte Schläuche? in: GG 10 (1984) 211–233.

394. K. M. BOLTE/S. HRADIL, Soziale Ungleichheit in der Bundesrepublik Deutschland. 5. Aufl. Opladen 1984.

395. K.-W. BRAND/D. BÜSSER/D. RUCHT, Aufbruch in eine andere Gesellschaft. Neue soziale Bewegungen in der Bundesrepublik. 2. Aufl. Frankfurt/New York 1984.

396. H. BRAUN, Das Streben nach „Sicherheit" in den 50er Jahren. Soziale und politische Ursachen und Erscheinungsweisen, in: AfS 18 (1978) 279–306.

397. W. CONZE, Das Ende des Proletariats, in: VfZG 4 (1956) 62–66.

398. DERS./M. R. LEPSIUS (Hrsg.), Sozialgeschichte der Bundesrepublik. Stuttgart 1983.

399. T. GEIGER, Klassengesellschaft im Schmelztiegel. Köln/Hagen 1949.

400. W. GLATZER/W. ZAPF (Hrsg.), Lebensqualität in der Bundesrepublik. Objektive Lebensbedingungen und subjektives Wohlbefinden. Frankfurt/M. 1984.

401. H.-O. HEMMER/K. T. SCHMITZ (Hrsg.), Geschichte der Gewerkschaften in der Bundesrepublik Deutschland. Von den Anfängen bis heute. Köln 1990.

402. J. HOFFMANN/R. HOFFMANN/U. MÜCKENBERGER/D. LANGE (Hrsg.), Jenseits der Beschlußlage. Gewerkschaft als Zukunftswerkstatt. Köln 1990.

403. S. HRADIL, Sozialstrukturanalyse in einer fortgeschrittenen Gesellschaft. Von Klassen und Schichten zu Lagen und Milieus. Opladen 1987.

404. G. KLEINING, Soziale Mobilität in der Bundesrepublik Deutschland. 2. Teil: Status- oder Prestigemobilität, in: KZfSS 27 (1975) 273–292.

405. K. KLOTZBACH, Der Weg zur Staatspartei. Programmatik, praktische Politik und Organisation der deutschen Sozialdemokratie 1945 bis 1965. Berlin/Bonn 1982.

406. W. KUDERA u. a., Gesellschaftliches und politisches Bewußtsein von Arbeitern. Eine empirische Untersuchung. Frankfurt/M. 1979.

407. G. LANGGUTH, Protestbewegung. Entwicklung – Niedergang – Renaissance. Die Neue Linke seit 1968. Köln 1983.

408. S. LEIBFRIED/F. TENNSTEDT, Politik der Armut und die Spaltung des Sozialstaats. Frankfurt/M. 1985.

409. P. LÖSCHE/F. WALTER, Die SPD: Klassenpartei – Volkspartei – Quotenpartei. Zur Entwicklung der Sozialdemokratie von Weimar bis zur deutschen Vereinigung. Darmstadt 1992.

410. I. MARSSOLEK, Arbeiterbewegung nach dem Krieg (1945–1948). Am Beispiel Remscheid, Solingen, Wuppertal. Frankfurt/New York 1983.
411. M. MIEGEL, Die verkannte Revolution (1). Einkommen und Vermögen der privaten Haushalte. Stuttgart 1983.
412. G. MÜLLER, Mitbestimmung in der Nachkriegszeit. Britische Besatzungsmacht – Unternehmer – Gewerkschaften. Düsseldorf 1987.
413. E. NOELLE-NEUMANN, Die stille Revolution. Wandlungen im Bewußtsein der deutschen Bevölkerung, in: Allensbacher Jahrbuch der Demoskopie. Bd. 7: 1976–1977. VII–XXXIV.
414. W. RUDZIO, Die ausgebliebene Sozialisierung an Rhein und Ruhr. Zur Sozialisierungspolitik von Labour-Regierung und SPD 1945-1948, in: AfS 18 (1978) 1–39.
415. H. SCHELSKY, Wandlungen der deutschen Familie in der Gegenwart. Darstellung und Deutung einer empirisch-soziologischen Tatbestandsaufnahme. Dortmund 1953.
416. DERS. (Hrsg.), Arbeiterjugend gestern und heute. Sozialwissenschaftliche Untersuchungen. Heidelberg 1955.
417. A. SCHILDT/A. SYWOTTEK (Hrsg.), Modernisierung im Wiederaufbau. Die westdeutsche Gesellschaft der 50er Jahre. Bonn 1993.
418. E. SCHMIDT, Die verhinderte Neuordnung 1945–1952. Zur Auseinandersetzung um die Demokratisierung der Wirtschaft in den westlichen Besatzungszonen und in der Bundesrepublik Deutschland. 7. Aufl. Frankfurt/Köln 1977.
419. M. VESTER/P. V. OERTZEN/H. GEILING/T. HERMANN/D. MÜLLER, Soziale Milieus im gesellschaftlichen Strukturwandel. Zwischen Integration und Ausgrenzung. Köln 1993.
420. M. WILDT, Am Beginn der „Konsumgesellschaft“. Mangelerfahrung, Lebenshaltung, Wohlstandshoffnungen in Westdeutschland in den fünfziger Jahren. Hamburg 1994.
421. W. ZAPF (Hrsg.), Lebensbedingungen in der Bundesrepublik. Sozialer Wandel und Wohlfahrtsentwicklung. Frankfurt/New York 1977.

2.8 Die Arbeiter in der DDR

422. A. BARING, Der 17. Juni 1953. Stuttgart 1983.
423. V. BLÜCHER, Industriearbeiterschaft in der Sowjetzone. Eine Untersuchung der Arbeiterschaft in der volkseigenen Industrie der SBZ. Stuttgart 1959.

424. L. CARACCIOLO, Der Untergang der Sozialdemokratie in der Sowjetischen Besatzungszone. Otto Grotewohl und die „Einheit der Arbeiterklasse" 1945/46, in: VfZG 36 (1988) 281–318.

425. Die DDR vor den Herausforderungen der achtziger Jahre. 16. Tagung zum Stand der DDR-Forschung in der Bundesrepublik Deutschland, 24. bis 27. Mai 1983. Köln 1983.

426. G. ERBE, Arbeiterklasse und Intelligenz in der DDR. Soziale Annäherung von Produktionsarbeiterschaft und wissenschaftlich-technischer Intelligenz im Industriebetrieb? Opladen 1982.

427. Fragen an eine Brigade, in: Kursbuch 38 (1974) 139–151.

428. K. W. FRICKE, Opposition und Widerstand in der DDR. Ein politischer Report. Köln 1984.

429. W. FRIEDRICH, Mentalitätswandlungen der Jugend in der DDR, in: PolZG 16–17/90, 25–37.

430. G.-J. GLAESSNER (Hrsg.), Die DDR in der Ära Honecker. Politik – Kultur – Gesellschaft. Opladen 1988.

431. M. HOFFMANN/D. RINK, Die Auflösung der ostdeutschen Arbeitermilieus. Bewältigungsmuster und Handlungsspielräume ostdeutscher Industriearbeiter im Transformationsprozeß, in: PolZG B 26–27/1993, 29–36.

432. P. HÜBNER, Balance des Ungleichgewichtes. Zum Verhältnis von Arbeiterinteressen und SED-Herrschaft, in: GG 19 (1993) 15–28.

433. H. HURWITZ, Die Anfänge des Widerstands. Teil 1: Führungsanspruch und Isolation der Sozialdemokraten. Teil 2: Zwischen Selbsttäuschung und Zivilcourage: Der Fusionskampf. Köln 1990.

434. H. R. KOCH, Flucht und Ausreise aus der DDR. Ein Beitrag zum „Wohlbekannten", in: Deutschland Archiv 19 (1986) 47–52.

435. S. MEUSCHEL, Legitimation und Parteiherrschaft in der DDR. Zum Paradox von Stabilität und Revolution in der DDR 1945–1989. Frankfurt/M. 1992.

436. G. MEYER/J. SCHRÖDER, DDR heute. Wandlungstendenzen und Widersprüche einer sozialistischen Industriegesellschaft. Tübingen 1988.

437. A. MITTER /S. WOLLE, Untergang auf Raten. Unbekannte Kapitel der DDR-Geschichte. München 1993.

438. F. MORAW, Die Parole der „Einheit" und die Sozialdemokratie. Zur parteiorganisatorischen und gesellschaftspolitischen Orientierung der SPD in der Periode der Illegalität und in der ersten Phase der Nachkriegszeit (1933–1948). 2. Aufl. Bonn 1990.

439. W. MÜLLER, Sozialdemokratische Politik unter sowjetischer Militärverwaltung. Chancen und Grenzen der SPD in der sowjetischen Besatzungszone zwischen Kriegsende und SED-Gründung, in: IWK 23 (1987) 170–206.

440. I. SPITTMANN/K. W. FRICKE (Hrsg.), 17. Juni 1953. Arbeiteraufstand in der DDR, Köln 1982.

441. D. VOIGT/W. VOSS/S. MECK, Sozialstruktur der DDR. Eine Einführung. Darmstadt 1987.

442. D. VOIGT, Montagearbeiter in der DDR. Eine empirische Untersuchung über Industrie-Bauarbeiter in den volkseigenen Großbetrieben. Darmstadt/Neuwied 1973.

443. DERS. (Hrsg.), Die Gesellschaft der DDR. Untersuchungen zu ausgewählten Bereichen. Berlin 1984.

444. H. WEBER, Die Sozialistische Einheitspartei Deutschlands, 1946–1971. Hannover 1971.

445. H. ZWAHR, Ende einer Selbstzerstörung. Leipzig und die Revolution in der DDR. 2. Aufl. Göttingen 1993.

Register

Personenregister

Ortsregister

Sachregister

Enzyklopädie deutscher Geschichte

Themen und Autoren

Mittelalter

Demographie des Mittelalters / Neithard Bulst	Gesellschaft
Agrarwirtschaft, Agrarverfassung und ländliche Gesellschaft im Mittelalter / Werner Rösener	
Adel, Rittertum und Ministerialität im Mittelalter / N.N.	
Die Stadt im Mittelalter / N.N.	
Armut im Mittelalter / Otto Gerhard Oexle	
Geschichte des Judentums im Mittelalter / Michael Toch	
Wirtschaftlicher Wandel und Wirtschaftspolititk im Mittelalter / Ludolf Kuchenbuch	Wirtschaft
Die geistige Kultur bis zur Gründung der Universitäten in Deutschland / Johannes Fried	Kultur, Alltag, Mentalitäten
Die geistige Kultur im späteren Mittelalter / N.N.	
Die ritterlich-höfische Kultur des Mittelalters / Werner Paravicini	
Die materielle Kultur des Mittelalters / Hartmut Boockmann	
Die mittelalterliche Kirche / Michael Borgolte	Religion und Kirche
Religiöse Bewegungen im Mittelalter / Matthias Werner	
Formen der Frömmigkeit im Mittelalter / Arnold Angenendt	
Die Germanen / Walter Pohl	Politik, Staat, Verfassung
Die Slawen in der deutschen Geschichte des Mittelalters / Winfried Schich	
Das römische Erbe und das Merowingerreich / Reinhold Kaiser	
Das Karolingerreich / N.N.	
Die Entstehung des deutschen Reiches / Joachim Ehlers	
Königtum und Königsherrschaft im 10. und 11. Jahrhundert / Egon Boshof	
Der Investiturstreit / Wilfried Hartmann	
König und Fürsten, Kaiser und Papst nach dem Wormser Konkordat / Bernhard Schimmelpfennig	
Deutschland und seine Nachbarn 1200–1500 / Dieter Berg	
Die kirchliche Krise des Spätmittelalters / Heribert Müller	
König, Reich und Reichsreform im Spätmittelalter / Karl-Friedrich Krieger	
Landesherrschaft, Territorien und Frühformen des modernen Staates / Ernst Schubert	

Frühe Neuzeit

Bevölkerungsgeschichte und historische Demographie 1500–1800 / Christian Pfister	Gesellschaft
Bauern zwischen Bauernkrieg und Dreißigjährigem Krieg / André Holenstein	
Bauern 1648–1806 / Werner Troßbach	
Adel in der Frühen Neuzeit / Rudolf Endres	

Der Fürstenhof in der Frühen Neuzeit / Rainer A. Müller
Die Stadt in der Frühen Neuzeit / Heinz Schilling
Armut, Unterschichten, Randgruppen in der Frühen Neuzeit / Wolfgang von Hippel
Unruhen in der ständischen Gesellschaft 1300–1800 / Peter Blickle
Geschichte des Judentums vom 16. bis zum Ende des 18. Jahrhunderts / N.N.

Wirtschaft

Die deutsche Wirtschaft im 16. Jahrhundert / Franz Mathis
Die Entwicklung der Wirtschaft im Zeitalter des Merkantilismus 1620–1800 / Rainer Gömmel
Landwirtschaft in der Frühen Neuzeit / Walter Achilles
Gewerbe in der Frühen Neuzeit / Wilfried Reininghaus
Handel und Verkehr, Banken und Versicherungen in der Frühen Neuzeit / N.N.

Kultur, Alltag, Mentalitäten

Medien in der Frühen Neuzeit / Erdmann Weyrauch
Bildung und Wissenschaft im 15. und 16. Jahrhundert / Notker Hammerstein
Bildung und Wissenschaft in der Frühen Neuzeit 1650–1800 / Anton Schindling
Die Aufklärung / Winfried Müller
Lebenswelt und Kultur des Bürgertums in der Frühen Neuzeit / Bernd Roeck
Lebenswelt und Kultur der unterbürgerlichen Schichten in der Frühen Neuzeit / N. N.

Religion und Kirche

Die Reformation. Voraussetzungen und Durchsetzung / Bob Scribner
Konfessionalisierung im 16. Jahrhundert / Heinrich Richard Schmidt
Kirche, Staat und Gesellschaft im 17. und 18. Jahrhundert / Michael Maurer
Religiöse Bewegungen in der Frühen Neuzeit / Hans-Jürgen Goertz

Politik, Staat, Verfassung

Das Reich in der Frühen Neuzeit / Helmut Neuhaus
Landesherrschaft, Territorien und Staat in der Frühen Neuzeit / Winfried Schulze
Die Entwicklung der landständischen Verfassung / Kersten Krüger
Vom aufgeklärten Reformstaat zum bürokratischen Staatsabsolutismus / Walter Demel

Staatensystem, internationale Beziehungen

Das Reich im Kampf um die Hegemonie in Europa 1521–1648 / Alfred Kohler
Altes Reich und europäische Staatenwelt 1648–1806 / Heinz Duchhardt

19. und 20. Jahrhundert

Gesellschaft

Demographie des 19. und 20. Jahrhunderts / Josef Ehmer
Geschichte des deutschen Adels im 19. und 20. Jahrhundert / Heinz Reif
Geschichte der Familie im 19. und 20. Jahrhundert / Andreas Gestrich
Urbanisierung im 19. und 20. Jahrhundert / Klaus Tenfelde
Soziale Schichtung, soziale Mobilität und sozialer Protest im 19. und 20. Jahrhundert / N.N.
Von der ständischen zur bürgerlichen Gesellschaft / Lothar Gall
Das Bürgertum im 19. und 20. Jahrhundert / Dieter Hein
Die Angestellten im 19. und 20. Jahrhundert /Günter Schulz

(Stand: Januar 1996)